À PROCURA DA VERDADE

ANGELA MARIA LA SALA BATÀ

À PROCURA DA VERDADE

Tradução
de
Nair Lacerda

EDITORA PENSAMENTO
São Paulo

Título do original:
Alla Ricerca della Verità

Edição	Ano
3-4-5-6-7-8-9	93

EDITORA PENSAMENTO
R. Dr. Mário Vicente, 374 – 04270 São Paulo, SP

Impresso em nossas oficinas gráficas.

O Senhor Buda disse:

"Ensinei-vos a não crer simplemente porque ouvistes, mas porque, em vossa consciência, acreditais no que ouvistes; agi, então, de conformidade com aquilo em que credes, e copiosamente".

Doutrina Secreta, III, 401.

ÍNDICE

APRESENTAÇÃO

A autora deste livro, Doutora Angela Maria La Sala Batà, dedicou sua vida, por mais de vinte e cinco anos, aos estudos espirituais, seguindo um impulso interior espontâneo, que sempre a impeliu para a busca do verdadeiro significado da vida e para o exame profundo das várias doutrinas esotéricas, mas, principalmente, para dar a outros, com a palavra e com os escritos, o que podia ser de auxílio e de incitamento sobre o caminho da realização de si próprios.

Esta publicação é a sexta de caráter esotérico-psicológico, escrita pela Autora, que, conhecidíssima que é nos ambientes esotéricos, oferece seus poderosos dons, suas preciosas faculdades, e suas grandes energias, para a difusão da lei do amor, da harmonia e da unidade.

De maneira simples, e sem excessos de erudição e de intelectualismo, a Autora apresenta o fruto dessas suas pesquisas e meditações interiores, que têm, acima de tudo, a vantagem de ser autênticas e sentidas, e de revelarem a sinceridade desse impulso.

Modesta e esquiva por natureza, a autora não pretende ensinar teorias novas, ou introduzir novos métodos, mas pretende oferecer aos outros, com palavras simples, aquele tanto de verdade que ela soube entrever, e que parte, acima de tudo, de seu coração e de sua intuição, esperando que isso possa dar aos leitores um pouco de ajuda e de luz ao longo do difícil caminho do despertar da inconsciência para o pleno conhecimento.

GIORGIO FURLAN

PREFÁCIO

Ao apresentar este livro aos leitores, sinto a necessidade de explicar como me veio a idéia de escrevê-lo.

O problema do conhecimento e da busca do significado da vida é um daqueles problemas que sempre atraíram a minha mente e foi objeto de reflexão e meditação, de minha parte, durante longos anos.

Algumas profundas convicções formaram-se em mim como resultado dessas meditações, e, entre todas, uma emergiu mais claramente e mais forte do que as outras: "A Verdade é, na realidade, simples. Nós a buscamos em teorias abstrusas, em complexos esquemas filosóficos... Pensamos que seja difícil de alcançar e bem distante de nós. Ao invés disso, ela é *simples.* Consiste na simplificação, e está muitíssimo perto de nós, *está dentro de nós*".

Às vezes lemos em certos livros esotéricos que o Absoluto é uma síntese do Todo. E o que quer dizer "síntese"? Não quer dizer, talvez, "simplificação?

O segredo do significado da vida esconde-se no poder de "simplificar", de reduzir à unidade.

Tentei, dentro dos limites de minhas modestas capacidades, dar esse caráter ao que escrevi: o senso da unidade e da simplicidade, entendidas como síntese do todo, procurando unir todos os conceitos, todas as doutrinas, em um todo harmônico, do macrocosmo ao microcosmo.

Desculpo-me, pois, se aquilo que exponho neste livro puder parecer ou incompleto ou demasiadamente sintético, ou, ainda, muito subjetivo.

Quero apenas poder transmitir minha aspiração no sentido de ajudar a sair da obscuridade, a buscar a Verdade, a desembaraçar-se da inconsciência, causa contínua de dor e de angústia.

Portanto, tudo que virem escrito nas páginas deste livro não tem a finalidade de aumentar a bagagem intelectual dos leitores e de incitá-los a elucubrações mentais, mas tem, sim, a finalidade de habituá-los a fugir, pouco a pouco, da identificação com o relativo, com o particular, orientando-os para que reflitam em termos de síntese e de idéias universais, simplificando ao máximo os conceitos. Isso poderá ter, sobre nós, dois efeitos:

1) nos ajudará, sem que o percebamos, a "deslocar" o enfoque da nossa consciência.

2) nos oferecerá estímulos para o despertar da intuição latente em nós.

Por conseqüência, se soubermos nos manter na atitude exata, a nossa Realidade Profunda, a Consciência do Eu, que ainda está adormecida, pouco a pouco despertará.

I

O HOMEM E A PROCURA DA VERDADE

Qual de nós não perguntou a si mesmo, ao menos uma vez na vida: "Quem somos? Por que vivemos? Por que sofremos? Para onde vamos?".

Quem pode dizer que jamais estacou momentaneamente, perplexo e atônito, diante dos mistérios da natureza e da vida, e que não procurou compreender o segredo da existência?

Na verdade, o homem tem dentro de si a exigência inata de compreender o significado da vida, porque é o único entre os seres viventes que tem consciência de que existe, o senso do eu individual, e a faculdade de pensar e de fazer perguntas a si mesmo.

Mesmo que por longo tempo essa exigência permaneça inconsciente e latente, a ponto (como se observa entre a massa) de não fazer sentir a sua presença, entretanto ali está, como força em potencial que, cedo ou tarde, explode na consciência e, inexoravelmente, impele o homem para a busca da Verdade.

Não é fácil, contudo, encontrar resposta para todas as interrogações da vida, e chega quase a parecer que esteja proibido ao homem o conhecimento completo da realidade. Só furtivamente, e nos momentos de maior iluminação, ele consegue captar algum fragmento da verdade, algum vislumbre de luz, que logo desaparece, deixando-o mais incerto e perplexo do que antes.

Por isso é que muitos estudiosos e filósofos, através dos tempos, chegaram a afirmar, de modo pessimista, que talvez o homem jamais possa conhecer inteiramente a realidade.

Mas, se isso fosse verdade, por que existiria dentro de nós essa profunda e inata exigência de saber, essa sede de procura, essa "ânsia do Absoluto"?

Por que, chegando a um certo ponto da vida, temos uma sensação de vazio, de insatisfação, quase de infelicidade, e sentimos que a nossa existência é inútil, se não conseguirmos compreender o seu segredo?

A razão de tudo isso esconde-se no fato de que em nós deve haver qualquer coisa que transcende a nossa humanidade, um "quê" misterioso, mas real e potente, uma centelha divina que revela sua presença exatamente nessa aspiração de subir, de progredir, de conhecer o Absoluto, de auto-realizar-se plenamente.

O homem tem em si, é verdade, muitos obstáculos e limitações que parecem impedi-lo de ter contato com a realidade, mas também tem em si a semente da espiritualidade, o seu Eu profundo, que contém a imagem de Deus.

Estas palavras não são apenas poéticas, que expressam uma aspiração mística, mas, como procuraremos demonstrar no decorrer deste livro, são palavras que expressam uma profunda realidade, aquela que, por assim dizer, é a base sobre a qual podemos construir e apoiar qualquer outro conhecimento.

É exatamente essa "centelha divina" que existe em nós, que nos dá a possibilidade de conhecer a verdade, como também experimentá-la. Na verdade, como diz Van Der Leeuw, "O mistério da vida não é um problema a resolver, mas uma realidade a experimentar".

Daí, a primeira coisa a fazer é reconhecer que as nossas limitações sobre o caminho do conhecimento devem-se ao fato de que não somos plenamente conscientes, de que ainda estamos imersos na obscuridade e na ignorância, prisioneiros de ilusões e de falsas identificações com aspectos relativos e limitados da realidade.

Não devemos esquecer que, enquanto usarmos meios que pertencem ao mundo do relativo para conhecer a Verdade e o Absoluto, obteremos resultados relativos e parciais.

É importante ter sempre presente a "ordem da observação". Em outras palavras, não devemos esquecer de que ponto, e com que sistema de referência observamos e estudamos uma coisa, seja ela um fenômeno físico ou um problema metafísico.

Nós, seres humanos, prisioneiros da forma material, conscientes apenas de um breve segmento de tempo, ignorantes da causa que nos produziu, inconscientes da meta para a qual nos movemos, temos apenas a visão de um fragmento mínimo do grande quadro da Vida Universal, que, tomado assim separadamente, e não inserido no todo, parece sem significação, quando não distorcido pelas nossas interpretações errôneas.

Todas as coisas tomadas muito de perto e separadas do resto do total, parecem incompreensíveis e prestam-se a explicações parciais ou falsas.

Se, por exemplo, nos víssemos diante de um grande mosaico que representasse uma figura humana, e quiséssemos examiná-lo bem de perto, dirigindo nossa observação apenas a uma parte dele, que iríamos ver? Somente algumas pedrinhas coloridas, mas o quadro geral, a figura humana representada, teria desaparecido. Do nosso campo de observação, ela não existiria.

Podemos dizer, portanto, que do ponto de vista do homem, é o campo de observação que cria o fenômeno. De cada vez que mudamos a escala de observação, ou observamos um fato qualquer de um ponto de vista diferente, encontramos novos fenômenos.

E assim acontece em todos os campos, e seja qual for a pesquisa. Se nos esforçarmos para compreender um problema, uma verdade, qualquer manifestação da vida que seja, examinando os detalhes isoladamente e de forma pouco analítica, separando-os de todo o relacionamento e união que lhes são conexos, jamais chegaremos a uma conclusão ou interpretação exata, mas sempre parcial e ilusória.

Devemos, assim, procurar obter a capacidade de visão total, a faculdade de síntese, subindo sempre além do particular e do relativo para descobrir o universal, tentando sempre enquadrar todos os fenômenos, tanto quanto possível, em um todo maior.

Isso não é fácil, mas não é impossível, porque na mente do homem existe tanto a faculdade da síntese, como a faculdade da análise.

Uma outra coisa que nos pode ajudar muito no caminho através do qual buscamos a Verdade, é procurar fazer o exame e o estudo do instrumento de que nos servimos para conhecer, isto é, a nossa mente.

Dizia Stendhal, com precisão e argúcia: "Vemos as coisas tal como se afiguram à nossa cabeça. Portanto, precisamos conhecer a nossa cabeça".

Se nos detivermos um pouco na análise do funcionamento da nossa mente, perceberemos, imediatamente, duas coisas: a primeira, que é muito difícil termos pensamentos claros, ordenados, conseqüentes, obedientes à direção imposta pela nossa vontade; a segunda, que a nossa mente gosta de "girar" em torno de coisas, dispersar-se em raciocínios sem fim, em elucubrações dialéticas, aparentemente lógicas, e quase se compraz consigo mesma, com seu incessante movimento. Então, temos a sensação precisa de que o intelecto, embora sendo uma faculdade maravilhosa, pode tornar-se, em certas ocasiões, antes um obstáculo do que um auxílio, no caminho do conhecimento. Talvez isso cause certo desencorajamento e nos leve a pensar, como Kant, que o homem jamais poderá conhecer a verdade por meio da razão.

Todavia, se conseguirmos nos adiantar um pouco mais em profundidade na análise da nossa mente, veremos que às vezes aflora nela uma outra faculdade, que lhe dá um senso de clareza, de lucidez, de segurança, o que lhe permite conhecer com presteza e sem necessidade de racionalizar.

Tal coisa acontece por que nossa mente possui, como diz Bergson, "duas maneiras profundamente diferentes de conhecer uma coisa. A primeira implica que se dê voltas em torno da coisa a conhecer; a segunda quando se entra nela... Do primeiro conhecimento se dirá que se detém no relativo, e do segundo, tanto quanto possível, que alcança o Absoluto". (*Introdução à Metafísica.*)

Essa faculdade do intelecto, esse conhecimento direto, é a intuição, que existe em todos os homens, em estado mais ou menos desenvolvido.

Todavia, exatamente porque a intuição, embora sendo, agora, uma faculdade humana reconhecida e aceita, não está ainda plenamente desenvolvida em todos os homens, ainda há muitos que duvidam da sua existência, e se debatem na incerteza e na dúvida, não podendo usar os meios exatos de conhecimento que lhes permitiriam entrar "no coração da verdade".

E, realmente, apenas aqueles que, por meio da intuição, "experimentaram" o significado da existência, e tiveram o conhecimento direto do que está por trás das aparências fenomênicas, podem dizer que sabem qual é o verdadeiro e real escopo da vida.

Então, perguntamos, estamos destinados a nos debater no escuro e a não poder encontrar resposta às nossas interrogações ansiosas, enquanto nossa mente não se abrir à intuição?

Devemos resignarmo-nos a esperar, impotentes, e talvez rebelados, que a luz venha do alto? Uma luz da qual, imersos como estamos na inconsciência e na ilusão, podemos até duvidar?

Devemos somente esperar uma revelação hipotética e longínqua, e nada fazer nesse entretempo?

Devemos continuar a lutar e a sofrer, sem saber o por quê?

Não, positivamente.

O homem não foi feito para a passividade, para a inércia, para a espera estática. O homem foi feito para lutar, para crescer, para procurar, e a verdade não lhe pode vir ao encontro se ele não caminhar em direção dela.

Assim, embora reconheçamos que não temos ainda o dom do conhecimento imediato e intuitivo, devemos mesmo procurar, observar e perguntar, examinando, com a mente livre e aberta, tudo que possa ajudar nessa procura: os pensamentos dos grandes filósofos, os resultados da ciência, as doutrinas religiosas e espiritualistas, as revelações dos místicos, as investigações sobre a psique humana... Mas tudo isso deve ser feito, conforme já o disse, com a mente livre de preconceitos, de idéias preconcebidas, de conceitos cristalizados, de fanatismo e de apego.

A procura deve ser empreendida com coração humilde e intelecto livre, com pureza de intenção e com sincera sede de verdade e, sobretudo, com um afã profundo e autêntico que expresse a própria voz da nossa alma, a aspiração ardente e insuperável da nossa mais verdadeira essência.

Diz Van Der Leeuw em seu livro *A Conquista da Ilusão*: "Enquanto não indagarmos de nós mesmos com todo o nosso ser, com todo o nosso coração, e com toda nossa alma e mente, enquanto a sede de conhecimento não nos impeça de comer, beber e dormir, enquanto a vida, para nós, não mais valerá ser vivida sem a experiência da verdade viva, não estaremos à altura de consegui-la" (p. 166).

Se assim for nossa atitude interior na procura do conhecimento, veremos que, pouco a pouco, do aparentemente intrincado emaranhado de idéias, de problemas, de dúvidas, do complicado e confuso amontoado de conceitos, opiniões, doutrinas, emergirá um fio sutil, que parecerá reunir, de forma invisível e inadvertida, todas as tendências, todas as soluções mais díspares, num ponto alto de síntese e de unidade. Emergirá um "quê" comum a todas as linhas de procura e de investigação, que não se havia manifestado à primeira observação, mas existia, como um veio de ouro puro em meio a minerais brutos.

Essa concordância, essa unidade existente sob multiplicidade e diversidade aparentes, talvez seja a descoberta mais importante e fundamental da nossa procura, porque levará, quase que inadvertidamente, a novas e construtivas orientações, a profundas modificações de perspectiva, e a uma expansão de consciência que irá influenciar, mesmo que não o percebamos, toda a nossa maneira de ser e de pensar.

O sentir que existe uma unidade, não apenas no sentido material e biológico, mas também no sentido mais profundo da consciência e das aspirações íntimas do homem é, realmente, uma força de que nos podemos servir como uma alavanca para subir mais alto e para fazer descobertas ulteriores sobre o caminho da procura da verdade.

Compreenderemos, pouco a pouco, que a resposta aos quesitos fundamentais da vida não pode ser encontrada no mundo do relativo, que se apresenta enganador, ilusório, e continuamente cambiante, mas sim num plano mais elevado, em um nível de consciência superior, ao qual todos podemos ascender, porque é o mundo do Real, que potencialmente já possuímos.

Na realidade, trata-se de "deslocar" nosso centro de consciência, o enfoque de nossa atenção, e *fazer tornar-se consciente o que é inconsciente,* pois, definitivamente, a descoberta da verdade é uma passagem lenta e gradual da obscuridade da inconsciência, que nos leva a nos identificar com o que é ilusório e irreal, à luz da plena Consciência.

Para dar, assim, certa ordem e certa concretização ao fio das nossas reflexões, é oportuno que se faça um quadro bem preciso dos pontos que tomaremos em consideração.

Antes de tudo, lançaremos os olhos para alguns argumentos gerais, mas de fundamental importância, que servirão para preparar e esclarecer aqueles que em seguida serão tratados, na segunda parte deste livro, isto é: as grandes Leis Universais, que regulamentam as manifestações do microcosmo ao macrocosmo, do relativo ao Absoluto, do homem a Deus, e que mantêm a harmonia e o equilíbrio da Vida Una.

II

DESENVOLVIMENTO DA INTUIÇÃO

... o conhecimento do Uno não vem por meio da ciência e do pensamento... mas através de uma presença imediata, superior à ciência. Plotino, *Enneades*, VI.

Para colocar nossa mente na atitude apropriada para refletir sobre os argumentos que serão tratados no desenvolvimento deste livro, é oportuno nos determos a falar, embora rapidamente, da intuição, uma vez que, se quisermos passar do relativo ao Absoluto, do particular ao universal, e conhecer o verdadeiro significado da vida e as leis que regulam a manifestação, devemos procurar desenvolver e usar essa faculdade.

Como fizemos sentir no capítulo precedente, a intuição é uma qualidade inata da mente humana, e também (como diz Jung) uma das quatro funções psicológicas fundamentais do homem (sensação, sentimento, intelecto, intuição).

Realmente, à medida que evoluímos, que amadurecemos, ela começa a manifestar-se espontaneamente, e a fazer sentir sua presença de várias maneiras, de início veladamente, quase timidamente, depois sempre mais clara e luminosamente.

Às vezes, de início, somos nós próprios que não a reconhecemos, ou que não queremos reconhecê-la, pois hesitamos em atribuir-lhe a dignidade e o valor de qualidade intelectual.

O homem é orgulhoso da sua mente, da sua inteligência, do seu poder de raciocínio lógico, baseado sobre dados concretos e tangíveis e não quer admitir que exista uma faculdade mais exata e mais segura do que a mente racional, que foge ao domínio do seu intelecto e que é a faculdade da intuição.

Acontece, estranhamente, que tal intuição, que é uma forma de conhecer sintética, imediata e irracional, de início não inspira confiança, pois não parece oferecer bases seguras e, acima de tudo, afigura-se não demonstrável, e então a repelimos quando aflora, quase nos envergonhamos dela, julgando-a inferior à lógica e a razão concreta.

Na realidade, os momentos nos quais a intuição faz sentir sua presença, embora furtivos, são mais freqüentes do que se acredita, e permeiam continuamente nossa vida, embora nem sempre percebamos isso.

Quantas vezes, por exemplo, aconteceu ter havido um imprevisto "relâmpago" de intuição, uma inspiração inesperada em certos momentos particulares da nossa vida, e não o termos seguido, preferindo, ao invés disso, obedecer à aparente solidez e credibilidade da lógica, que em seguida demonstrou estar errada.

E então nos arrependemos de ter preferido seguir a segurança da razão, ao invés da orientação segura e luminosa da nossa intuição.

É como se tivéssemos receio daquela faculdade, por ser insólita, desconhecida, misteriosa, e nos pôr em contato com um mundo ignoto, o mundo da Realidade. Entretanto, ela acompanha sempre a nossa vida e chega para todos o momento de conhecê-la, como atesta a vida de muitos grandes homens, (filósofos, cientistas etc.), que sempre foram ajudados em sua procura da verdade mais pela inspiração do que pela razão e pela lógica.

Diz Van Der Leeuw: "... é sempre o relâmpago da intuição que nos mostra a verdade e coordena o nosso material intelectual laboriosamente recolhido".

Essa atitude de desconfiança, de dúvida, a propósito da intuição, depende de dois fatores: o primeiro é a raridade e a novidade de tal modo de conhecer, que o faz parecer incerto, estranho e ilusório; o segundo é a ignorância em relação à estrutura e funcionamento da nossa mente.

Todos os que observaram e estudaram as funções intelectivas do homem compreenderam que na mente humana estão presentes duas formas diversas de pensar e de conhecer: uma delas analítica, discursiva, lógica, e a outra sintética, irracional, globalmente direta, por assim dizer.

Também Spinoza, por exemplo, distingue o conhecimento intelectual do conhecimento afetivo, que é um conhecimento experimentado, vivido, um contacto íntimo, uma identificação com o objeto a conhecer. Ele diz que tal conhecimento "afetivo" é muito diferente do intelectual, porque só esse é capaz de produzir no homem o desenvolvimento da consciência, das modificações e de transformar a teoria em realização.

Bergson, em seguida, define a intuição como uma espécie de "simpatia intelectual, que nos transporta, de repente, para a intimidade sintética do real".

Essas definições nos fazem pensar que a intuição, embora sendo uma faculdade da mente, arrasta consigo também o lado afetivo e emotivo do homem, pois se reveste de calor e de amor para com o objeto a conhecer.

Como poderia, de outro modo, o árido e frio intelecto tornar-se capaz de identificação, de união com a coisa, sendo, por sua natureza, crítico, seletivo e separativo?

A intuição, portanto, embora fazendo parte do aparelhamento intelectivo do homem, de certa maneira o transcende, vai além dele, e participa da vida e da expressão do Eu, cuja natureza é Amor.

No livro de A. A. Bailey, *A Ilusão como Problema Mundial,* lê-se, a propósito da intuição:

"Os três termos, Iluminação, Compreensão e Amor, resumem as três qualidades e os três aspectos da intuição, e podem ser sintetizados na palavra 'universalidade', ou senso da Unidade Universal".

Nossa mente, portanto, deve ser considerada como ponte entre a personalidade e o Eu, já que participa contemporaneamente do mundo objetivo e do mundo subjetivo, do concreto e do abstrato. O seu símbolo é, de fato, um Janos bifronte, com uma face voltada para o exterior e a outra para o interior, representando as duas faculdades cognoscitivas do intelecto: a racional, concreta, voltada para o mundo objetivo, e a sintética, intuitiva, voltada para o mundo interior, o mundo das causas.

O nome Janos (em latim: Janus) deriva da palavra latina "janua" que quer dizer "porta", pois na verdade o deus Janos era considerado o protetor da casa, sendo colocado perto da soleira da habitação.

E não poderia ser, a intuição, a chave para abrir essa porta e levar-nos a entrar (como, de resto, diz a palavra *intus-ire*) nesse mundo onde está a verdadeira essência das coisas?

Todos os que tiveram a experiência do conhecimento intuitivo afirmam que, com efeito, é assim.

Portanto, se quisermos realmente compreender os significados que estão por trás das formas e conhecer a realidade, devemos favorecer o desenvolvimento da intuição.

Quais são as preparações e os meios para consegui-lo?

Um dos meios principais é o estudo dos símbolos. Tal método era muito seguido na antiga escola iniciadora. Na verdade, a cada discípulo era dado um símbolo para interpretar com o auxílio único da meditação. Ele não podia abandonar a meditação sobre aquele símbolo enquanto na sua mente não surgisse o relampejar da intuição do seu verdadeiro significado esotérico.

Hoje, tal método caiu um pouco em desuso, mas quem realmente quer desenvolver sua faculdade intuitiva não pode ignorá-lo.

Conforme diz A. A. Bailey: "Os símbolos são as formas externas e visíveis da Realidade espiritual interior e, quando se obtém a faculdade de descobrir facilmente a realidade que está por trás de cada forma, isso é, exatamente, o indício do despertar da intuição". (*Op. cit.*)

Se levarmos em consideração (como já foi dito) que, na realidade, *tudo* é símbolo, aquele método poderia ser continuadamente aplicado, a qualquer momento do dia, em todos os acontecimentos da nossa vida.

Trata-se, afinal, de assumir uma atitude particular da consciência para com o mundo exterior e tudo quanto nele acontece; uma posição de "observação desapegada", de espera e de escuta, como diante de um mistério a resolver, de um enigma a solucionar. É preciso não nos mostrarmos precipitados dando interpretações e opiniões com a nossa mente lógica, não nos determos nas aparências e explicações mais evidentes, e sim procurar seguir em profundidade em busca das causas, daquilo que *está por trás.*

Essa atitude não é, talvez, a mesma do cientista e do psicólogo, cautelosos no dar opiniões, lentos na interpretação, e sensíveis a cada mínimo matiz, a cada pequeno fenômeno que possa fornecer a chave para descobrir a origem e o que está sob o fundo daquilo que aparece na superfície?

E não parece estranha essa proximidade do psicólogo e do cientista, embora um investigue os fenômenos psíquicos e outro os fenômenos físicos, porque ambos, se realmente são pesquisadores da verdade, fazem uso da intuição, embora sem o saberem.

A ciência, que é julgada pela maior parte das pessoas como a mais concreta, a mais racional das manifestações da mente humana, é, contudo, pelo menos em cinqüenta por cento, baseada nas intuições, nas inspirações, nas hipóteses, enquanto as demonstrações lógicas vêm depois.

É preciso dizer, porém, que nem todos os cientistas são intuitivos, mas só os que têm a mente genial, já que o gênio é um produto do Espírito, é uma expressão da parte divina do homem: o Eu.

Se procurarmos cultivar essa atitude do investigador sensível, aberto à intuição, iluminado, desejoso de seguir em profundidade sem se deter diante da aparência das coisas, conquistaremos aquela faculdade que Patanjali chama "leitura espiritual", e que é a capacidade de "ler" através das formas, dos acontecimentos e das coisas, a Realidade Espiritual e os significados profundos.

Para quem está habituado a observar apenas a exterioridade, a emitir opiniões, a formular conceitos, a se deixar levar pela exatidão e segurança da mente racional, essa atitude poderá parecer repleta de perigos e de fáceis ilusões. Terá receio de cair no ardil da imaginação e da poesia, ou, pior ainda, da exaltação pseudomística dos fanáticos e dos que fogem à realidade da vida...

Esses temores são infundados, pois será a própria vida, com as suas provas, com as suas dolorosas experiências, com as suas dificuldades e com os seus problemas aparentemente insolúveis, que o convencerá, por fim, de que a mente concreta é insuficiente para nos dar a explicação do segredo da existência, e nos fará compreender que deve haver uma outra forma de saber, um outro modo de interpretar as coisas, que vai além da razão, além da lógica, além do intelecto.

À proporção que a aspiração de conhecer a verdade aumenta, torna-se-á uma exigência sempre mais urgente, uma necessidade de vida. Nossa mente sentirá uma transformação, uma orientação nova e, quase sem que o percebamos e de uma forma espontânea, começará a manifestar-se o seu aspecto mais alto: o intuitivo.

Então, gradativamente, todos os problemas serão resolvidos, toda a aparente incoerência da vida parecerá clara, sentiremos a maravilhosa unidade que existe por trás da multiplicidade e todo o nosso ser ficará repleto de Alegria, de Luz e da Sabedoria do Espírito.

III

APARÊNCIA E REALIDADE

A natureza é um templo... e o homem por ali passa através de florestas de símbolos familiares. Baudelaire.

Se tomarmos como ponto de partida para a nossa procura da verdade o pressuposto fundamental, seja mesmo hipotético, de que existe uma unidade essencial por trás da multiplicidade, da diversidade que aparece nas manifestações de todos os níveis, unidade que para ser válida deve, certamente, ser regulada por um conjunto de leis justas e de perfeita harmonia, é lógico chegarmos à conclusão de que aquilo que vemos, que experimentamos no plano do relativo, e que pode parecer sem sentido, injusto, caótico, não seja a Realidade, mas uma aparência (de realidade), um reflexo, uma distorção, um fragmento de uma imensa e justa Realidade, que está além da nossa atual compreensão.

Desde que surgiu o primeiro pensamento especulativo, o homem se deu conta de que devia haver uma "Realidade profunda das coisas", com a qual, porém, lhe era difícil entrar em contato, e a multidão de investigadores, filósofos e estudiosos, convencida de que vivemos em um mundo de aparências ilusórias, sempre foi numerosíssima.

Vivemos numa espécie de "cenário artificial", afirmavam eles, que esconde a verdadeira natureza das coisas, e a verdade será sempre inalcançável para o homem, porque os meios de que ele dispõe, isto é, os sentidos e a mente, são limitados e ilusórios.

Todavia, outros investigadores, também numerosíssimos, em todos os tempos, compreenderam que está no homem a possibilidade de entender a realidade, não com os sentidos ou com as indagações mentais, mas por meio da intuição e do desenvolvimento da consciência.

Esta segunda posição é a mais exata, já que focaliza o problema do conhecimento e esclarece que o obstáculo na percepção da realidade das coisas reside no fato de que usamos meios limitados e incompletos, que *nunca* poderão levar-nos à verdade, pois não podem, por si mesmos, ir além de um certo limite de percepção.

A própria ciência hodierna está convicta de que a aparência é preponderante em nossa vida habitual, e de que os sentidos não recebem a impressão exata da realidade das coisas.

Basta tomar como exemplo a impressão de solidez da matéria. Isso é uma ilusão, já que hoje é sabido que a idéia de compacidade dos corpos, considerados sólidos, é o resultado do movimento incessante dos átomos que os compõem, quando, na realidade, há mais espaços vazios do que zonas compactas.

Também no caso do som e da luz, sabemos muito bem que nossos ouvidos e nossos olhos só podem perceber um número limitado de vibrações, e que existem sons e cores, que jamais poderão ser recebidos pelos nossos órgãos de audição e de visão.

Do ponto de vista físico, portanto, percebemos apenas uma verdade fragmentada e incompleta.

Assim, se analisarmos a outra forma de conhecimento que possuímos, e que é a investigação mental, veremos que mesmo essa forma pode nos induzir ao erro, porque, geralmente, nossa mente baseia seu raciocínio na percepção que lhe vem através dos sentidos, sendo levada a observar e analisar tudo quanto é sensorialmente perceptível e pertencente ao mundo dos fenômenos.

É verdade que a mente, além do poder da análise, tem também o da síntese, mas este último se desenvolverá quando deixarmos de dirigir nossa pesquisa intelectual para o exterior, baseando-a apenas em dados concretos, e a volvermos, ao invés disso, para o interior, para o mundo das causas e dos significados, colocando-a em posição de "espera" e de "escuta", porque os *verdadeiros* pensamentos e as verdadeiras "idéias" provêm, não do mundo das formas, mas daquele nível onde vibra a Mente Universal.

Portanto, a mente, com o seu movimento, com as suas dúvidas, com o seu poder de fragmentar, de dividir, de duvidar, pode ser mais ilusória do que os sentidos.

Assim, se aspirarmos realmente conhecer qual é a Realidade, devemos evitar nos basearmos apenas sobre impressões sensoriais e de fazer especulações apenas racionalmente, mas sim, dedicar-nos ao desenvolvimento das duas formas de conhecimento mais verdadeiras e exatas, latentes em nós, e que são a intuição e a consciência.

O primeiro passo para esse desenvolvimento é o de procurar fazer experiências em nossa vida cotidiana, observando e analisando continuamente o nosso modo de viver e sentir, colocando-nos na posição de observador desapegado e objetivo. Essa posição é necessária para nos ajudar a sair da identificação com a forma, com o relativo, e para despertar o senso da síntese, que é a base da percepção correta.

Uma das primeiras observações que podemos fazer sobre nós próprios é a constatação de que estamos imersos numa sensação de dualidade entre o mundo subjetivo e o mundo objetivo, e que oscilamos continuamente entre os dois pólos dessa dualidade, ora projetando-nos para o exterior e imergindo no mundo objetivo, acreditando que só ele é real, ora retirando-nos para o interior, na introspecção que nos leva quase que a uma rejeição e a uma negação do mundo exterior.

A essa altura caímos na confusão e no conflito, porque não sabemos se é "mais real" aquilo que podemos experimentar através dos sentidos, com a atividade, com a vida extrovertida, ou o que sentimos, pensamos e vivemos no mundo da nossa consciência.

De certa forma cada um de nós revive, em si próprio, a história da procura humana no campo filosófico, porque, através do tempo, duas têm sido as posições principais dos investigadores da verdade: a que considerava como real apenas o mundo sensível, negando a realidade da consciência, e a que só considerava real o mundo subjetivo da consciência, tendo como ilusório e artificial o mundo exterior.

Ambas essas posições estão erradas e, se realmente alcançamos o momento da nossa vida no qual a aspiração da verdade se tornou uma exigência profunda, uma necessidade vital, que parte da nossa essência mais autêntica, intuímos que é preciso encontrar uma terceira solução. Na verdade, a solução exata está no superamento da dualidade em uma síntese unitária superior, que põe fim às oscilações dos dois pólos, recompondo-os em uma única realidade.

Esse é o segredo que está oculto por trás das aparências, por trás de tudo quanto acontece, de tudo quanto experimentamos. Mas não basta reconhecer isso com a mente, estar convencido intelectualmente. É preciso "senti-lo", "experimentá-lo", para poder dizer: "É verdade. Eu o vivi".

O conhecimento não é válido se não se transforma em consciência.

Não é fácil nem simples, naturalmente, chegar a essa experiência, a essa realização. É necessário um longo caminho evolutivo e uma série de amadurecimentos, para que a nossa personalidade humana acorde para a sensibilidade do real, e saiba discernir a unidade por trás da dualidade.

Todavia, embora o caminho ainda seja longo, estão em nós os meios para chegar a tal realização, pois tudo o que experimentamos, tudo o que vivemos, nos leva, paulatinamente, para uma sensibilização subjetiva, para um despertar gradual da consciência, que agora está adormecida, capsulada como uma semente enterrada na terra escura, mas que verá a luz, mais cedo ou mais tarde.

Embora ainda não estejamos "despertos" e perfeitamente conscientes, e não tenhamos ainda intuição, não importa. O importante é *saber disso,* e não cair no erro da presunção e da auto-ilusão, mais perniciosas do que a ignorância, porque se fecham em um círculo de separação, dentro de uma casca dura e cristalizada.

Saber ver-se nas justas proporções e ter consciência dos próprios limites, assim como das próprias qualidades, já é uma grande realização, se isso for unido também à certeza de que tais limites são temporários e poderão ser superados.

Realmente, a "chave" que poderá abrir para nós a porta do longo caminho da realização interior que nos conduzirá ao mundo da Realidade é a certeza, a firme confiança no próprio Eu interior.

Agora chegou o momento de nos perguntarmos: mas onde é, e o que vem a ser o "Mundo da Realidade"?

Usando a palavra "mundo", poderemos cair no erro de crer que se trate de um lugar, de um nível distante de nós.

O "mundo" da Realidade, ao invés disso, é um estado de conhecimento completo e total, que provém da realização do verdadeiro Eu interior, realização essa que poderá ser conseguida quando tivermos deslocado nosso centro habitual de identificação com o eu comum e ilusório, para a identificação com o Eu espiritual, e quando tivermos desenvolvido a intuição, que é o modo de ter conhecimento do Eu.

Portanto, o mundo da Realidade está *aqui.* Está, por

assim dizer, dentro de nós, em uma dimensão sem espaço e sem tempo, onde tudo vive em sua essência real: na Unidade.

Estas palavras podem parecer sem sentido, agora, porque estamos imersos na dimensão espaço-temporal, identificados com a forma externa, e habituados a conhecer tudo através dos sentidos. Entretanto, às vezes acontece, talvez por um breve instante, fugidio como um relâmpago, "sentirmos" que isso pode ser verdade. São aqueles instantes em que toca, a cada um de nós, experimentar um estado de consciência diferente do comum, estranho e indefinível, mas peculiaríssimo; um estado que, paradoxalmente, vem a ser chamado "senso de irrealidade", pois enquanto perdura, todos os objetos familiares, as pessoas, e até nós próprios, parecemos irreais, estranhos e absurdos. Tudo assume um aspecto de estranheza, de distanciamento, de absurdidade. Tanto, que começamos a indagar de nós mesmos: Mas onde estou? Por que me encontro aqui? Que são estes objetos que vejo? Quem sou eu?

Não é fácil descrever com palavras esse estado de consciência estranho, que parece nos manter supensos entre o mundo usual, de súbito tornado ignoto e estranho, e um novo mundo que ainda nos é desconhecido. Todavia, quem passou por isso sabe quanto é intenso e verdadeiro, embora brevíssimo, e como, ao findar, deixa uma sensação aguda de saudade e de perda, como se tivéssemos sido levados ao limiar de uma descoberta, ao limite de uma dimensão misteriosa e vibrante de luz e de vida.

Esses instantes, porém, são apenas um vislumbre, um reflexo longínquo do que é o mundo da Realidade.

Mas então é assim difícil penetrar nesse mundo?

De onde vêm os obstáculos para alcançá-lo?

O principal obstáculo está no fato de vivermos na dualidade e de não conseguirmos superar a oposição, falsa e ilusória, entre o subjetivo e o objetivo.

Por outro lado, o senso de dualidade é necessário ao

desenvolvimento da consciência, porque, sem o atrito entre os dois pólos o verdadeiro conhecimento não despertará.

Não acontece, de fato, continuamente, em nossa própria experiência, haver necessidade do oposto para nos tornarmos conscientes de alguma coisa? Não nos apercebemos da luz, se não pusermos a escuridão contra ela; não sentimos a felicidade, se não tivermos sentido o sofrimento e não podemos ser conscientes do eu se não lhe opusermos o não-eu...

Todas as doutrinas espiritualistas dizem que a consciência é um produto da união do Espírito com a Matéria, que o Pai e a Mãe cósmicos tiveram de unir-se para dar vida ao Filho. Em sentido individual, também o nosso Eu, a centelha divina, foi envolvido pela matéria, fechou-se em uma forma, perdendo o sentido da Unidade primigênia, para que se formasse a autoconsciência.

Encerrando-nos na prisão da forma, perdemos contato com a totalidade a que antes pertencíamos inconscientemente, e agora devemos reconquistar esse contato, mas em plena consciência.

Todas as faculdades que estão em nós, em todos os níveis, do físico ao mental, são, na realidade, meios de contato que se foram desenvolvendo aos poucos, sob o impulso do Eu, desejoso de sair do Ovo Negro em que está aprisionado.

Diz Sri Aurobindo: " Nós... inventamos olhos, mãos, sentidos, mente, para podermos nos reunir ao que havíamos excluído do nosso Grande Ser".

Assim, é o nosso estado de inconsciência e de separação que nos leva a considerar a manifestação como uma dualidade composta de aparência e realidade, enquanto tal dualidade, com efeito, não existe.

Tudo isto poderá parecer absurdo a quem ler estas linhas usando a mente concreta, habituada a provas sólidas e tangíveis.

E essa atitude é compreensível.

Todavia, é possível ter provas para tudo que ficou dito acima, pois virá o momento em que poderemos experimentar, por nós próprios, qual é a realidade e constatar, pessoalmente, a exatidão ou a inexatidão destas afirmações.

Devemos, assim, contínua e constantemente, evitar a especulação apenas intelectual e de forma abstrata, mas, ao contrário, tentar fazer a experiência, realizá-la o mais que pudermos, em todos os momentos da nossa vida cotidiana.

Cada experiência, dizem realmente as doutrinas espiritualistas, é um experimento que se deve transformar em expressão do Eu.

E como se pode agir assim?

É necessário, antes de mais nada, procurar viver e agir *em pleno conhecimento,* não criando compartimentos separados entre a vida subjetiva e a vida objetiva, entre o pensamento e a ação, entre a Alma e o corpo, mas tentar unir os dois pólos da nossa dualidade fundamental com a ponte da consciência.

Geralmente, as pessoas comuns, ainda imaturas, não sabem unir esses dois pólos, embora começando a adquirir conhecimento, e, quando vivem o pólo da vida objetiva, perdem completamente o contato com o pólo da vida subjetiva, imergindo totalmente na exterioridade.

Vemos, com efeito, como são numerosos aqueles que quando agem e vivem a vida exterior *deixam-se viver,* movidos por impulsos inconscientes, condicionados pela influência externa, escravos de hábitos e de automatismos... Até o seu pensamento é condicionado, suas opiniões não se fazem frutos de reflexões pessoais, suas decisões dependem de sugestões provenientes do exterior, seus estados de ânimo são criados pela identificação inconsciente com o ambiente que os circunda, suas idéias morais nascem do medo, impressões absorvidas desde a infância. Assim, eles acreditam estar agindo segundo uma escolha livre, pensam ter uma vontade independente e, ao invés disso, são como que autômatos movidos por fios invisíveis.

E, além disso, vivem na ilusão, tomando as aparências como realidade, porque ainda não sabem entender o significado profundo oculto por trás das formas, e não são cônscios da vida e da energia que vibra em níveis mais sutis do que o físico, identificados que estão com a forma externa, mais cristalizada, e se debatem num mundo de sombras, sofrendo e lutando, sem encontrar caminho de saída.

E tudo isso acontece porque, *enquanto a verdadeira consciência não desperta, o homem não nasceu, verdadeiramente.* Está ainda imerso na inconsciência pré-natal, dormindo na matriz obscura da personalidade, que o nutre, sem que ele se dê conta disso.

O nosso Eu ainda embrionário, a Criança Eterna, a Consciência, alimenta-se e cresce por meio das experiências, das provas, das lutas, dos sofrimentos que lhe transmitem estímulos contínuos através da Mãe, da personalidade, até que esteja pronta para vir à luz da Vida.

E que devemos fazer, então, enquanto esperamos esse "nascimento"?

Devemos nos colocar, como já disse, na posição própria para favorecer esse crescimento, transformando cada experiência em alimento para a consciência. E isso significa tentar unir os dois pólos. Assim, recobraremos gradualmente o senso da totalidade, da Unidade perdida, pois conhecer é, realmente, um recordar, e "nós devemos nos tornar aquilo que já somos".

Toda a vida é um esforço para nos tornarmos conscientes da Única Essência, e para reunir em um todo, palpitante de energia e de luz, aparência e substância, Matéria e Espírito.

IV

ESPÍRITO E MATÉRIA

> *Quando o Único se torna Dois, então pode ser qualificado como Espírito e Matéria.* H. P. Blavatsky, *Doutrina Secreta,* Vol. II, 32.

Para primeiro poder compreender, e depois auxiliar a superação da dualidade da nossa existência, é necessário que voltemos à origem de todas as dualidades existentes na manifestação, à Causa Primeira que as produziu. Dessa forma, poderemos tentar intuir o significado e o escopo evolutivo da polaridade, que parece ser a característica fundamental do mundo manifestado.

Na verdade, a dualidade é uma realidade universal, que se encontra em todos os níveis do macrocosmo ao microcosmo, do infinitamente grande ao infinitamente pequeno, entretecendo a vida sob as mais variadas formas do jogo misterioso dos opostos.

Do átomo à Divindade, duas forças parecem conservar em equilíbrio, mantendo-se em eterna antítese, toda a Criação.

Positivo e negativo, ativo e passivo, macho e fêmea, luz e sombra, consciente e inconsciente, vida e morte... Sempre o oposto voltando, e não existe ser, aspecto ou manifestação, que não tenha sua "metade escura".

Podemos dizer, portanto, que a dualidade, ou polaridade, constitui o problema-chave na procura da verdade.

Qual é a causa, qual é a origem disso?

Para responder a essa pergunta devemos, inevitavelmente, voltar às revelações e às intuições das Antigas Doutrinas orientais e ocidentais, segundo as quais existe um Ser Transcendente, Absoluto, Imanifesto, que é a Causa primeira de toda a manifestação. Ele é o Uno do qual tudo provém. Ele é o Princípio de tudo que existe, a Causa sem causa; Ele é a Vida Una, Infinita, a Única Essência.

Quando esse Princípio sai do seu estado de perfeito repouso para manifestar-se e criar o Universo, tem início a dualidade. Tal dualidade, porém forma-se "no próprio seio do Único", pois Nele "se manifestará a Vontade positiva – princípio expansivo – como Espírito, e a Vontade negativa – princípio restritivo – como matéria, as duas colunas do Templo Universal" (Chevrier, *Doutrina Oculta*).

Com efeito, o Uno, ao manifestar-se, automaticamente se autolimita: essa limitação, entretanto, essa restrição, refere-se apenas a um aspecto de si mesmo, que Dele dimana, e não à sua totalidade.

"Tendo permeado com uma parte de Mim Mesmo todo o Universo, Eu permaneço" – diz o poema sagrado hindu, o *Bhaghavad Gita.*

Assim, a dualidade Espírito e Matéria forma-se no seio do próprio Absoluto e é o primeiro par de opostos do qual irão derivar todos os outros opostos da manifestação, os quais, em realidade, não passam dos múltiplos reflexos desse duplo aspecto da Vontade criadora.

Tal dualidade fundamental, portanto, é compreendida num sentido horizontal, isto é, explica dois pólos, positivo um, negativo outro, com um terceiro elemento, que os transcende e que os contêm a ambos: o Uno.

É bom ter isso presente para não cair em equívocos e confusões, já que às vezes alguns estudiosos entendem, com a palavra Espírito, o elemento transcendente que está acima de todo o par de opostos.

Até o pensamento chinês considera a dualidade fundamental em sentido horizontal: "Tao, o Indivisível, o Grande Uno, dá origem a dois princípios opostos da realidade, à Sombra e à Luz, a Yin e a Yang...".

Esses dois princípios opostos são duas grandes correntes de energia que permeiam todo o universo em todos os níveis, da Divindade ao átomo, e no homem se encontram e lutam, de início, até encontrarem o equilíbrio e a harmonia que produzem o nascimento da "Flor de Ouro", isto é, do Eu, que é a expressão da Unidade, da totalidade alcançada.

Jung retoma essa concepção do antigo pensamento chinês, já que afirma que no ser humano há dois princípios opostos que tendem à síntese da qual emergirá o verdadeiro indivíduo, o Selbst (o Eu) que é o Homem auto-realizado em sua inteireza.

Nos sonhos dos seus pacientes ele pôde constatar, um número infinito de vezes, como o Eu muitas vezes se apresentava sob símbolos, expressando "a união dos contrários", isto é, o Hermafrodita, a Cruz de quatro braços etc.

Também os antigos alquimistas acreditavam que o Homem Real, plenamente realizado, resultava da união dos pólos opostos, positivo e negativo, da misteriosa "conjunção" de Sol e Lua.

Esse modo de considerar a dualidade Espírito-Matéria como os dois pólos, positivo um, negativo outro, de uma Realidade Superior, parece exercer uma estranha atração sobre nós e, em geral, é intuitivamente aceito, porque responde a qualquer coisa de profundo e real que sentimos. E, talvez, isso nos convença mais do que qualquer teoria ou doutrina esotérica, porque, conforme tivemos antes a ocasião de dizer, é o conhecimento interior que nos pode dar a certeza de uma verdade enunciada, e não o conhecimento intelectual.

O homem tem em si a possibilidade de fazer a *experiência direta* da unidade essencial do Espírito e Matéria, que está oculta atrás da transitória e aparente dualidade, porque ele é o microcosmo que reflete em si todo o macrocosmo, e é, também, a imagem e o símbolo da Divindade manifestada.

Nele se repete o processo da manifestação com as suas várias vicissitudes e os seus ciclos. Toda verdade poderia ser "lida" no homem, se ao menos soubéssemos decifrar e compreender o significado oculto em sua natureza complexa e misteriosa, e soubéssemos, realmente, tomar consciência dos processos que se dão dentro dele.

No que se refere ao problema enunciado da unidade na dualidade, o homem, geralmente, passa através de um processo interior de gradual tomada de consciência de tal realidade, que é constituído de quatro fases principais:

1. *Fase materialista* de identificação com a forma mais densa, o corpo físico, durante a qual a matéria é considerada como única realidade, pois pode ser conhecida por meio dos cinco sentidos físicos, aos quais se atribui o máximo valor probatório. Tal fase pode perdurar muito mais tempo do que se pensa, pois o posicionamento materialista chega a subsistir mesmo ao lado de uma cultura notável e de um grande desenvolvimento intelectual, que não impedem, entretanto, que o eu se identifique com o corpo físico, e que a consciência permaneça encerrada nele.

2. *Fase de dualismo,* durante a qual o homem começa a tornar-se sensível a estados de consciência mais sutis, a sentir a presença do seu mundo psíquico, subjetivo e, em conseqüência, principia a sentir a antítese entre o eu e o não-eu, entre o mundo interior e o mundo exterior.

Esta é uma fase muito importante e muito longa, que pode ter acontecimentos alternados, crises e conflitos, e tem, por assim dizer, vários graus, porque vai do momento em que se desperta a sensibilidade psicológica até o momento em que tem início a aspiração a qualquer coisa de espiritual e divino.

3. *Fase mística e ascética,* que se inicia, exatamente, por uma aspiração fervente para o pólo espiritual, sentido como um poderoso ímã que atrai, enquanto o pólo da matéria vai perdendo cada vez mais seu império. Durante essa fase, por efeito da aspiração, da renúncia e da elevação para o Divino, o homem começa a ter os primeiros vislumbres de uma consciência espiritual, e então tende a identificar-se completamente com essa consciência, que constitui o pólo positivo, com conseqüente rejeição e desprezo pela forma e pelo corpo físico. A matéria é considerada a origem do mal, pois é vista apenas como um impedimento, um obstáculo.

4. *Fase de realização,* depois da revelação da consciência espiritual e o contato consciente com o Divino, que aconteceu por efeito da aspiração mística e elevação das emoções, o homem dá início ao trabalho de unificação dos dois pólos, já que no momento da sua iluminação compreendeu o verdadeiro escopo da forma e o segredo oculto na matéria, que ele tanto desprezava. Sente, finalmente, que deve reconstituir a unidade em sua consciência, pois a dualidade era apenas aparente, e não real. Essa fase talvez seja a mais difícil e mais longa, porque requer a gradual e total "transformação" e sublimação"[1] da matéria da personalidade, que deve passar do estado de energia condensada e inerte para o estado de energia vibrante, viva e consciente.

Ao relacionar essas quatro fases, tivemos a necessidade de ser sintéticos e demos apenas indícios de todo o processo de maturação que se passa no homem que, entre outras coisas, nem sempre procede de maneira ordenada e gradual, mas segue

---

1. O termo "sublimação" não deve ser tomado em sentido psicanalítico, mas no sentido esotérico de transformação e refinamento da energia.

alternativas, crises, revelações e recaídas, fluxos e refluxos, oscilações e conflitos. Períodos de misticismo podem ser seguidos de períodos de renovado materialismo, de retorno ao dualismo, e de identificação com o corpo físico, enquanto o homem não se estabiliza no "centro" do seu Ser, no Eu, que tem o poder de equilibrar os opostos e de dar sentido à completação.

Portanto, somente quando se alcança essa completação, essa unidade, e sente-se que o corpo físico, com a matéria de que é composto, é "o Templo do Senhor", é energia divina condensada, só então é possível aceitar a verdade que diz serem Espírito e Matéria só Um, representando uma dualidade necessária ao processo evolutivo, pois, se não os sentíssemos como opostos, não se despertaria a consciência adormecida.

Fizemos sentir, no capítulo precedente, que a consciência nasce do encontro do Espírito com a Matéria: que o Pai e a Mãe cósmicos, unindo-se, dão vida à consciência cósmica. É este o drama simbólico que se repete continuamente pelo encontro das duas grandes energias universais emanadas do Absoluto, drama que se repete também no homem, para dar vida à consciência espiritual individualizada.

É o atrito repetido, é o trabalho dessa longa luta entre os dois pólos, que vai, finalmente, produzir o nascimento da "Criança Divina". É a matéria, atormentada pelo Espírito, que aprisiona a força nessa emboscada, e a transforma em consciência.

A matéria não é, pois, a prisão do Espírito, mas seu berço, a "matriz", a Mãe, que alimenta, e que faz nascer o Filho, a Consciência. Como a semente tem necessidade da terra para amadurecer e crescer, a vida tem necessidade da matéria para poder realizar-se em autoconsciência.

Mas como poderia um elemento espiritual tomar vida e força de um elemento não espiritual?

Se isso acontece quer dizer que a matéria é formada,

também, da mesma essência do Espírito, apenas em nível vibratório diferente.

Os antigos alquimistas tinham intuído esse segredo escondido na matéria, quando tentavam extrair ouro puro, com a pedra filosofal, da matéria bruta.

A divisa dos alquimistas era, com efeito: "Em cima como embaixo, embaixo como em cima", pois intuíam que deveria haver um misterioso relacionamento, mas *real,* entre o segredo oculto na profundeza da matéria e a energia universal e espiritual.

Seria, portanto, de importância primordial para quem procura a verdade, estudar e compreender a verdadeira natureza da matéria do ponto de vista esotérico.

A ciência moderna, com a descoberta de que a matéria não é, em realidade, nada mais do que energia condensada, se vai avizinhando da Verdade.

Nestes últimos tempos, a física parece orientar sempre mais para uma gradual desubstancialização da matéria, e tanto isso é verdade que o átomo é chamado "inconcebível" porque, para os físicos, ele "não é onda nem corpúsculo, mas pura função de probabilidade".

O trabalho da ciência é muito mais espiritual do que se pensa, embora pareça basear-se apenas em fenômenos concretos. Com efeito, como diz Meyerson, o epistemologista, "o trabalho intelectual do cientista é um esforço de identificação tendente a fazer com que apareça, sob as diferenças do Universo, a identidade fundamental que elas dissimulam, e que fazem com que um efeito seja sempre semelhante, no fundo, à causa da qual parece emanar".

O cientista esclarecido é sempre dotado de intuição, é levado à síntese e à universalidade e, com suas descobertas, constrói a ponte entre o fenômeno e a causa, entre a matéria e o Espírito.

A Ciência, em um futuro que, esperamos, não esteja

longínquo, dará, então, a confirmação da Verdade enunciada pela Sabedoria Antiga?

Deixemos essa hipótese em suspenso, por ora.

Temos certeza é de que as descobertas sobre a constituição da matéria e da energia atômica abriram o caminho para infinitas possibilidades e para imprevisíveis conseqüências.

É preciso, além disso, que tenhamos presente o fato de que hoje o conceito de energia se expandiu muito, encontrando-se até mesmo no campo psicológico. Realmente, agora é comum vermos a expressão "energia psíquica" indicando as manifestações do mundo psíquico do homem, como as emoções, os sentimentos, os pensamentos, os instintos... E essa expressão é usada não por simples analogia, mas porque se foi aos poucos compreendendo que tais aspectos psíquicos são *verdadeiramente* forças, isto é, estados dinâmicos, ativos, que têm seu preciso comportamento e suas leis específicas.

Eis, pois, que gradativamente delineia-se a verdade de que "tudo é energia", isto é, que tudo é vibração e vida. Em outras palavras: *tudo é Espírito,* tudo é composto de uma Única Essência vivente: a Vida Única.

Também a Sabedoria Antiga da Índia fala de um Princípio cósmico energético, Agni (o fogo) que permeia todo o universo e que é a própria substância do cosmos.

Agni, porém, está sempre unido a Chit, a consciência.

Chit-Agni, consciência-força, é, portanto, a Essência Única: "O Universo inteiro, de alto a baixo, é feito de uma só substância, de consciência-força divina, o aspecto força ou energia da consciência é Agni..." (Satprem, *A Aventura da Consciência,* p. 224).

Existe também Agni na matéria, "ultimo estágio da energia densificada e convertida em matéria".

O dualismo Espírito-Matéria é, portanto, na realidade, ilusório, é uma condição transitória, criada pelo nosso estado de inconsciência e de limitação, mas é, também, uma condição necessária e inevitável para o desenvolvimento da consciência, pois é o próprio jogo dos opostos, o atrito entre dois pólos, que produz, pouco a pouco, o despertar daquele centro que é, ao mesmo tempo, ponto e circunferência, que é a totalidade e a plenitude do ser: o Eu.

V

O PROBLEMA DA DOR

A dor é a luta para subir através da matéria; ...a dor é o esboroar-se da forma para que o fogo interior possa arder.
A. A. Bailey: *Tratado de Magia Branca.*

Chegando a este ponto de nossas reflexões, é necessário que nos detenhamos para falar, embora com brevidade, daquilo que podemos chamar o problema central da vida humana: o problema da dor.

O ponto de interrogação criado pelo problema do sofrimento, que parece ser a pesada herança do homem, a condenação da qual não se pode libertar, poderia ser um grande obstáculo à objetividade e à tranqüilidade da nossa procura.

Eis por que, antes de seguir adiante e examinar outros assuntos de caráter mais universal, devemos dedicar algumas páginas à tentativa de acalmar e tranqüilizar essa parte da nossa mente humana, dubitativa, sempre necessitada de explicações precisas, e que talvez já se tenha perguntado ao ler tudo quanto até aqui foi dito: para que servem todas essas palavras sobre realidade, sobre o Uno, sobre a dualidade, se elas não oferecem a única explicação de que o homem realmente necessita, e que é a do porquê da angústia, do sofrimento, da sua contínua luta e de seu contínuo tormento?

É justo, pois, que se tente responder a essas perguntas.

Dissemos que é o atrito entre os dois pólos do Espírito e da matéria que produz o nascimento da consciência, da Criança Divina, o nosso Eu.

Mas esse atrito, essa luta, que significam, realmente? Por que acontecem?

Acontecem porque o homem, identificado com a forma e inconsciente da sua verdadeira natureza, opõe-se à força espiritual que provém do seu Eu mais alto, que deseja conduzi-lo em direção à luz. E é essa oposição insciente a causa do sofrimento.

Na verdade, se já fôssemos conscientes e despertados, colaboraríamos com o processo evolutivo, e não interpretaríamos como renúncia e sacrifício os desapegos e superações exigidos por essa transformação gradual.

Todavia, se o homem não se opusesse, e se não existisse o trabalho e a dor, a consciência não poderia despertar.

Esse é um ponto importantíssimo, sobre o qual devemos nos deter a meditar, a fim de compreender o verdadeiro significado e o escopo real daquilo que chamamos "sofrimento".

A dor é necessária, pois é o meio indispensável para o nosso aperfeiçoamento e para o despertar do nosso verdadeiro Eu.

Essa afirmação poderá parecer absurda e cruel para muitos, e suscitar neles um senso de rebelião, mas essa afirmação contém em si o segredo da verdadeira paz e da alegria, que o homem alcançará quando a tiver compreendido.

Na realidade, a dor não é um fato objetivo, uma espécie de condenação ou de castigo que o homem deve suportar, mas, ao invés disso, é um acontecimento subjetivo *criado por ele próprio*, de forma inconsciente, devido à sua ignorância em relação a si mesmo, ao seu verdadeiro destino, e à sua real natureza.

As palavras de Buda a propósito do sofrimento podem ajudar a compreender melhor essa verdade:

Diz o Senhor Buda:

"Qual é a causa pela qual o mundo sofre?"

A ignorância.

De quê?

Das quatro nobres verdades:

1) A existência da dor.
2) A origem da dor.
3) A cessação da dor.
4) O caminho que conduz à cessação da dor.

A primeira "nobre verdade" nos exorta a reconhecer a evidência da dor sobre a terra, sua inevitabilidade, e a afrontar com coragem a realidade das coisas.

É um fato evidente, com efeito, que sobre a terra existe a dor, sob os seus mil aspectos. Ela não pode ser evitada e não há uma só pessoa no mundo que não a tenha sentido, de uma forma ou de outra. Parece quase ser a nota predominante da história da humanidade, que desde a sua origem teve de lutar, sofrer, sentir o golpe da calamidade, da adversidade, e ser atormentada pelas crises e pelas angústias interiores.

A dor é um problema coletivo e não só individual, e pode parecer uma inexorável condenação do homem.

Por isso, a primeira nobre verdade nos exorta a reconhecer a universalidade e a inevitabilidade da dor, olhando a realidade de frente, corajosamente. É sempre indício de maturidade interior saber enfrentar, sem medo, a verdade dos fatos, sem vãs e inúteis rebeliões, e igualmente inúteis negações.

Sim, é verdade. Sobre o planeta Terra existem a dor, o mal, a luta, a morte, a cada passo do nosso caminho evolutivo, e a cada curva da estrada, sob infinitas formas, sob mil diversos matizes.

É inútil negá-lo.

É vão rebelar-se diante dessa verdade.

Quais as conseqüências que derivam desse corajoso e sereno reconhecimento?

Não, com certeza, o desespero, o abatimento, a passiva resignação, mas a profunda exigência de compreender o por que disso, e a ardente aspiração, mesmo a urgente necessidade, de encontrar os meios para sair de tal círculo de inexorabilidade.

Perguntamos a nós mesmos, de fato: "Qual é, então, a causa deste sofrimento? De onde provém essa lei inexorável da dor?".

É aqui que se delineia a segunda "nobre verdade" de Buda: *a origem da dor.*

A dor tem origem no fato de não sermos conscientes da nossa verdadeira natureza, do nosso Eu.

O sofrimento, na realidade, não é senão o "sintoma" da cisão que existe em nossa consciência, entre o Eu e o não-eu. É a prova de que nos identificamos com o não-eu e nos sentimos alienados, divididos em nossa autenticidade, abandonados e distantes da nascente da Vida.

Em nós existem duas exigências igualmente fortes, que nos despedaçam: a dos nossos impulsos instintivos, provenientes da identificação com a forma material e a da nossa natureza espiritual.

A primeira nos impele a procurar a felicidade na satisfação dos desejos, a outra nos impele a superar a natureza inferior para dar realização à consciência espiritual latente.

É a luta contínua entre essas duas exigências que produz o sofrimento, mesmo que estejamos inconscientes dessa luta e acreditemos que a dor vem de fora, das circunstâncias, dos acontecimentos, das pessoas, da vida.

Podemos dizer que não existem acontecimentos dolorosos em si mesmos, mas existe uma reação subjetiva de dor e de sofrimento diante deles, e que é diferente de indivíduo para indivíduo.

Realmente, nem todos sofrem pelas mesmas causas, e nem todos reagem do mesmo modo, e isso vem da diversidade do nível evolutivo, do grau de desenvolvimento da consciência, da maior ou menor identificação com a forma.

Portanto, fazendo um paralelo com a dor física, que é considerada pelos médicos como um sinal de alarma, um sintoma que revela uma disfunção, um perigo no organismo do homem, também a dor moral é, na realidade, sinal revelador de desarmonia, de um mal oculto na psique do indivíduo.

Em outras palavras, não poderia a dor indicar em nós a existência de uma atitude errada, de uma imaturidade, de um estado de obscuridade, de um apego que nos impedem de progredir?

E não poderemos nós, estudando a natureza daquele "sintoma", daquele sinal revelador, descobrir a verdadeira causa de tal coisa e reparar no real problema evolutivo, que está na raiz daquela dor?

Às vezes é mesmo uma certa prova dolorosa, repetida e persistente, que retorna ciclicamente em nossa vida, pondo a descoberto nossos pontos fracos, o mal oculto, e nos indica com clareza, se soubermos interpretá-la, o que ainda devemos superar e transformar.

Faz-nos compreender qual é o obstáculo mais radicado em nosso ser, qual a dificuldade principal da nossa natureza, que sempre é a mais latente e insciente, e por isso mesmo, a mais dura e difícil de superar.

Estranhamente, ela faz parte de nós mesmos, e está de tal forma amalgamada em nós, que é muito difícil descobri-la.

É, de uma certa forma, *o avesso* de nós mesmos, a evidência da dualidade da nossa natureza, pois observamos, ao tomarmos ciência disso, que ela corresponde perfeitamente à nossa mais alta qualidade, mas em sentido inverso.

Podemos descobrir, por exemplo, como causa repetida de sofrimento, de desilusão e de conflito, a ambição, a sede de poder, que nos torna egoístas, tirânicos, discriminadores e cruéis. Pois bem: que há na raiz da ambição e no instinto de poder? A vontade, que é uma qualidade positiva, e que deriva diretamente do Espírito: todavia, quando ela se torna prisioneira do eu egoístico, torna-se força destrutiva e perniciosa.

Assim o Amor, o senso de Unidade, de Fraternidade, pode "degradar-se", e inverter-se, passando a ser possessividade, apego egoístico, fraqueza, e incapacidade de autonomia...

É o nosso defeito principal, aquele que nos induz continuamente a cometer erros, dando-nos sofrimento e trabalho, a chave das nossas mais altas possibilidades.

Quanto mais o defeito, o obstáculo que está em nós, é forte, enraizado e obstinado, mais ele é significativo, importante e essencial, pois contém o segredo da nossa verdadeira natureza, a condensação da qualidade fundamental da nossa Alma, porém encerrada em cápsula, invertida, degradada; o "Deus inversus" que está em nós, o pólo oposto do Espírito, que, entretanto, é feito da sua mesma essência.

Quando sofremos porque somos atingidos sempre naquilo a que mais nos apegamos, não devemos nos rebelar, mas, de uma vez para sempre, compreender e aceitar a renúncia e o sacrifício que nos são exigidos, porque, em realidade, essa mesma renúncia é que libertará o fogo do Espírito.

Não queremos renunciar porque acreditamos dever destruir, anular, deixar morrer alguma coisa de nós próprios, que é essencial, e sem a qual não podemos viver: com efeito, nada morre e nada se destrói, mas tudo se sublima e se transforma.

"Cada parte da nossa natureza não tem como escopo final qualquer coisa que lhe seja totalmente estranha, e da qual deriva a necessidade da sua extinção, mas *qualquer coisa de Supremo,* na qual transcende e reencontra o seu absoluto, o seu infinito, a sua harmonia, para além de qualquer limite humano". (Sri Aurobindo: *A Síntese da Yoga,* p. 14.)

Esta é a prova que atrás da aparente dualidade da nossa natureza é a Unidade, que devemos, porém, reconstruir, encontrando a identidade das origens dos dois pólos.

Devemos reconhecer a luz nas trevas, o bem no mal, o Espírito na matéria, para que o Uno possa nascer.

Virá, talvez, o dia da "cessação da dor", como diz a terceira nobre verdade de Buda, quando o homem compreender a verdadeira função do sofrimento e a sua verdadeira causa, ao invés de opor-se a ele, tornando-o mais áspero e penoso, e irá transformá-lo em método consciente de purificação e sublimação.

Também podemos estar imersos no trabalho sem sofrer, podemos voluntariamente aceitar a "crucificação", sem sentir tormento e angústia, quando se sabe que está havendo em nós a maravilhosa obra de transformação do nosso ser, a preparação para o "novo nascimento", que nos deixará livres, conscientes e em harmonia com o Divino.

"O caminho que conduz à cessação da dor", quarta nobre verdade de Buda, é, pois, a da aceitação consciente, o *abandono ativo* à força evolutiva e o fim da rebelião e da luta...

Diz Annie Besant: "Com a cessação da luta, cessa também a dor, porque ela deriva do desacordo, do atrito, dos movimentos antagônicos; e, onde a natureza inteira atua em perfeita harmonia, não se confrontam as condições que dão origem à dor"...

(*A Sabedoria Antiga*, cap. X, p. 313.)

Se nós, a cada vez que somos atingidos por uma prova dolorosa, ao invés de nos projetarmos ao exterior a fim de observar a causa objetiva daquela desventura, nos recolhêssemos em nós próprios, e tentássemos observar nossa reação subjetiva, nosso modo de sofrer, talvez conseguíssemos, aos poucos, vivê-lo de forma a extrair dele a significação educativa, sublimatória e formadora, que a dor esconde em si.

Não devemos esquecer que nós mesmos somos o crisol onde se fez a nossa transformação, nós mesmo somos o campo de batalha onde os dois opostos se encontram pela primeira vez, para depois fundirem-se e harmonizarem-se, libertando a luz e a consciência.

Não foi por acaso que a terra foi chamada "o Planeta do sofrimento libertador e da Dor purificadora".

Todavia, um dia virá no qual o homem estará completamente livre do sofrimento, porque o seu destino é o de encontrar a perfeita paz, a perfeita beatitude dada pela consciência do nosso verdadeiro Eu.

E compreenderemos como são verdadeiras as antigas palavras do Upanixade:

"Da alegria todos estes seres nasceram,
para a alegria existem e crescem,
à alegria retornam".

VI

O SIGNIFICADO DA MORTE

A vida é continuamente um estado antes embrional, uma preparação para a vida. Um homem não nasceu inteiramente senão depois que passou para além da morte. Benjamin Franklin.

O problema da morte está estreitamente ligado ao problema da dor, já que a morte é uma das causas mais difundidas de sofrimento, de medo, e de angústia para a humanidade.

Em geral, o homem comum evita o pensamento da morte, vive como se jamais devesse morrer, e prefere não enfrentar esse problema que faz nascer nele uma sensação de mal-estar, de repulsa e de angústia.

Ao invés disso, a busca de compreensão para o significado profundo desse evento universal, e, finalmente, o alcançar-se uma posição serena e iluminada em relação a ele, representa uma etapa decisiva no caminho da procura da verdade. De fato, aquele que compreendeu o verdadeiro e profundo significado do acontecimento misterioso a que chamamos "morte", compreendeu, também, o significado da vida, pois vida e morte fazem parte do mesmo processo; vir e partir pertencem a uma só realidade.

Todavia, como dissemos antes, o homem, em geral, não só deixou de compreender a verdade que se oculta por trás desse acontecimento, como evita concentrar o pensamento nele, quase como se, não pensando, esperasse afastá-lo, ou até mesmo anulá-lo.

Esse é o maior obstáculo que se interpõe à resolução desse problema, ofuscando a nitidez da visão e a objetividade com a qual deveria ser examinado e compreendido o assunto da morte.

Isso acontece porque a própria palavra "morte" está associada (desde tempos imemoriais) a imagens tétricas e amedrontadoras, e com a idéia de fim, de anulação e desagregação, e é muito difícil superar essa associação e substituí-la pela idéia mais serena, mais consoladora e, sobretudo, mais verdadeira, de "transformação", de "liberação", de "novo nascimento". Todas as palavras agora usadas são as que correspondem, efetivamente, ao real significado daquele processo a que chamamos morte, e dão um sentido de continuidade, de evolução e de vida.

Em primeiro lugar devemos pensar que a morte é um processo universal, encontrado em todos os reinos da natureza, em todos os níveis, e não apenas no plano físico, mas também no psíquico, pois que a vida, sob todos os aspectos, está em contínuo crescimento e transformação, renovando-se ciclicamente, abandonando um velha forma por uma nova e passando de um estado para o outro.

A morte, entendida como fim e como anulação, na realidade não existe, já que *nada pode terminar*, mas tudo se transforma e se renova.

Talvez o homem, sem o saber, leve dentro de si mesmo a prova natural da imortalidade, já que há algo em seu íntimo que se rebela, inconscientemente, com a idéia do fim. A mente humana repele como inconcebível e absurdo o pensamento da cessação completa da vida. Talvez o próprio medo da morte oculte em si essa sensação inata, porém insciente, de continuidade, de imortalidade, que está oculta profundamente em nós próprios.

Dizia Goethe: "Para o ser pensante é deveras impossível pensar em si próprio como não existente quando o pensamento e a vida cessam; assim, cada qual leva consigo, profundamente, a prova da imortalidade, espontaneamente...".

Jung pôde observar, analisando pessoas idosas e quase a morrer, que "a psique inconsciente faz pouquíssimo caso da morte".

E escreve: "É necessário, pois, que a morte seja alguma coisa relativamente não essencial... A essência da psique estende-se na obscuridade muito além da nossas categorias intelectuais".

O Mestre de Zurique, com essas palavras, queria dizer que há alguma coisa no fundo de nós mesmos, que não só sabe que não pode morrer, mas também sabe que se move em direção a uma meta diferente da do nosso corpo físico, meta mais real, mais ampla, mais luminosa, que se estende e se expande bem além dos limites da vida material.

A morte do corpo físico não tem, portanto, importância alguma para essa consciência mais profunda que está em nós, já que tal morte não é considerada como um fim, mas antes como uma passagem, o início de um novo ciclo de vida em outra dimensão.

Isto é uma verdade, afirmada por todas as grandes religiões, e intuitivamente aceita por muitos grandes homens, já que, como dizia Emerson, há, em nosso espírito, uma fé natural na imortalidade, na continuidade da vida. E escreve, mesmo, em seu ensaio sobre a Imortalidade: "O primeiro fato que se observa é o nosso sentimento de prazer pela continuidade. Todas as grandes naturezas são amantes da estabilidade, da continuidade, como imagem da Eternidade".

Para se poder alcançar, porém, esse posicionamento iluminado e compreensivo diante da idéia da morte, é necessário que libertemos nossa mente das antigas formas de medo, de preconceito, de superstição e de apego, e que, pouco a pouco, ganhemos a consciência de sermos algo que pode existir independentemente do corpo, e nos convençamos de que existem também formas de vida fora da vida material.

A primeira coisa a fazer seria aprofundar nossa compreensão do processo da morte, não só compreendida como desagregação do corpo físico, mas também, e sobretudo, como processo de transformação em todos os campos, em todos os níveis (físicos e psíquicos) processo que tem a finalidade de favorecer o progresso e a evolução da consciência do homem.

Vista sob esse aspecto, a morte é um fato que se repete continuamente, mesmo dentro de nós, em sentido psicológico. Realmente, assim como do ponto de vista biológico, as células do nosso corpo morrem e se renovam continuamente, também do ponto de vista psíquico nós "morremos" e "renascemos" repetidamente, durante o curso da vida, para que possamos crescer, progredir e passar a estados sempre mais altos.

As coisas passadas, as velhas formas, nas quais, inconscientemente nos cristalizamos, devem ser destruídas, devem morrer, para que a nossa consciência evolua e amadureça.

Cada crise interior da nossa vida, que assinala a passagem de um estado para outro, oculta em si a morte de alguma coisa, para que outra coisa possa nascer.

"Uma nova vida não pode nascer sem que antes morra a velha", diz Jung.

A semente sepultada na terra apodrece e morre, para que da sua morte possa nascer uma nova vida.

Assim, a morte do corpo físico, a desagregação da forma material, é necessária para que o homem possa "nascer" em outro nível de vida. E isso depende do fato da matéria do corpo físico ainda não estar "transformada", não ter sido ainda sublimada e *redimida*. Podemos aventurar a hipótese de que o dia em que tivermos convertido completamente a matéria em consciência, e unido os dois pólos de corpo e Alma, talvez a morte não seja mais necessária.

No ponto evolutivo em que estamos hoje, todavia, é prematuro falar disso.

De um ponto de vista prático, por enquanto, devemos concentrar toda a nossa aspiração sobretudo no desenvolvimento da consciência de "ser" e de existir independentemente do corpo físico. Só assim a idéia da imortalidade e o senso de continuidade da vida poderão tornar-se uma certeza íntima, uma realidade subjetiva, que nada poderá ofuscar e anular, pois surgirão de um amadurecimento verdadeiro e pessoal, de um "deslocamento" da consciência do nosso eu comum da identificação com o veículo material, para a identificação com aquela parte de nós que não morre, porque é a nossa verdadeira essência, o verdadeiro Homem, o Eu Espiritual.

Para chegar a isso é preciso conseguir, pouco a pouco, com exercícios graduais e com um lento processo de interiorização, "desidentificar-nos" primeiro com o corpo físico, objetivando-o, e depois também com estados emotivos e mentais, até que sintamos emergir na própria consciência interior, uma presença, um centro estável e lúcido, consciente e *vivo*, independentemente dos processos fisiológicos e das funções psíquicas.

O fato de que *não somos* nem o nosso corpo, nem os nossos estados psíquicos e mentais, pode parecer uma coisa óbvia e já aceita, mas, na prática, não é assim, porque o ter consciência de ser um Eu separado da personalidade representa uma obtenção, fruto de gradual maturação interior e contínua vigilância subjetiva. O homem, em geral, sabendo ou não sabendo intelectualmente que o Eu não é o corpo, identifica-se com o seu veículo físico, e se deixa prender às suas exigências, às suas fraquezas e às suas limitações. Isso acontece especialmente aos indivíduos extrovertidos e dados a uma vida ativa, porque todas as suas energias estão focalizadas no mundo material e prático.

Os temperamentos introvertidos, ao invés disso, têm, de maneira espontânea, um sentido de interioridade e sentem a realidade do mundo psíquico, porque estão polarizados nele, e assim lhes é fácil objetivarem o corpo físico e sentirem a consciência do eu desidentificado com os processos fisiológicos.

Esses conseguem sentir uma certa desidentificação com o físico quando em certos momentos particulares de dor ou de doença, ou de enfraquecimento da vitalidade, ou de recolhimento interior. Em tais momentos, eles podem sentir a realidade do mundo subjetivo e a consciência do eu, porque neles emerge um senso de dualidade entre o corpo físico que sofre, que é fraco, sem vitalidade, e a vida interior consciente, lúcida, viva, completa e rica, que continua a "desenvolver-se" *independentemente* do estado em que se encontra o veículo material.

É nesses momentos que alguns têm a certeza de que *a morte não existe,* porque adquiriram o conhecimento de que existe uma vida, no verdadeiro sentido da palavra, que não é, de nenhuma forma, tocada ou alterada pelas condições do corpo: esteja este vivo ou esteja morto, *aquela vida continua.*

Os iogues orientais, muito sabiamente, ensinam a seus discípulos, desde a infância, desenvolverem a consciência do eu separado do corpo, com exercícios oportunos e graduais de desidentificação que, pouco a pouco, levam o indivíduo a reconhecer, não só que *não é* o veículo físico, mas que *é* qualquer coisa de eterno, de incorruptível, de imortal.

Uma outra coisa que pode ajudar a conquistar a certeza da continuidade da vida para além da morte do corpo é aprender a conquistar a faculdade de ficar consciente durante o sono.

O sono é muito semelhante à morte, pois também ele representa uma passagem a um outro estado de consciência, enquanto o corpo jaz abandonado apenas às suas funções vegetativas.

Em geral imagina-se que o sono seja apenas um estado de

repouso, necessário para retemperar as forças. Na realidade, ele é um deslocamento para um outro estado de consciência, que chamamos "inconsciência", já que ainda não estamos bastante evoluídos para conservar a lucidez e o conhecimento quando estamos fora do veículo físico.

Portanto, seria muito útil habituar-se, com previsões e treinos específicos, a adquirir a continuidade da consciência entre vigília e sono, e exercitar-se para considerar o estado de sono e, em conseqüência, os sonhos, uma experiência verdadeira e peculiar, em outra dimensão da consciência.[1]

Pode bem compreender-se, então, como um posicionamento sereno, iluminado e sábio diante da morte seja fruto de verdadeira e apropriada maturação interior e represente um degrau importante e fundamental na escada evolutiva.

Na verdade, de tudo quanto foi dito, conclui-se, claramente, que o homem, para chegar a compreender o verdadeiro significado da morte, deve ter compreendido, também, o significado da vida, e ter alcançado um certo grau de desenvolvimento da consciência, liberta da ilusão da forma, pois não se trata de adquirir uma certeza intelectual e teórica, mas uma capacidade prática de sentir que existimos, seja quando estamos no corpo físico, seja quando dele somos privados. E essa capacidade só se pode alcançar se, enquanto ainda estamos na forma física, nos tornamos sensíveis à realidade interior, e se, gradualmente, sairmos do nosso estado de inconsciência que nos leva a viver como seres semi-adormecidos e imersos na ilusão.

Isso é importantíssimo. É a finalidade real da vida, pois que, como diz Aurobindo, "se somos inconscientes em nossa vida, o seremos também nos outros estados: a morte será verdadeiramente a morte e o sono um entorpecimento", ao passo que quando nos tornarmos verdadeiramente conscientes

---

1. É aconselhável ler o cap. IX de *A Aventura da Consciência*, de Satprem.

de nós mesmos "passaremos sem interrupção e sem vácuo de consciência, da vida para o sono da morte; ou, mais exatamente, não mais haverá morte, nem sono, como agora os entendemos, mas maneiras diferentes de continuamente perceber a Realidade total".

Quando alguém chega a esse estado de consciência reconhece que a vida no plano físico é apenas um período de experiência, de preparação, de treino, que tem a finalidade de fazer emergir a consciência do verdadeiro Eu das névoas da inconsciência, e de libertar o Homem verdadeiro da identificação com a matéria, compreendendo que nascimento e morte, viver e morrer, nada mais são do que aspectos da Vida.

O homem bastante evoluído deveria reconhecer essa profunda verdade, e, acima de tudo na idade madura, quando a curva da vida biológica começa a declinar e quando se tem os primeiros sintomas de decadência física, deveria começar a preparar-se para a morte com serenidade, não a compreendendo como fim ou anulação, mas antes como um novo nascimento, o início de um outro período de vida, mais frutífero e mais rico.

A forma física, então velha e gasta, não mais pode servir ao Espírito, que é sempre jovem e voltado para novas aquisições, portanto deve ser abandonada.

Diz Jung: "Na segunda metade da existência, só permanece vivo quem com a vida deseja também morrer, pois o que acontece na hora secreta do meio-dia da vida é a inversão da parábola: o nascimento da morte".

Quem não quer aceitar essa realidade e permanece apegado ao passado, iludindo-se em parar o tempo, impede que as forças vitais, voltadas para o futuro, progridam para a sua meta, que é o desenvolvimento da consciência, meta que vai além dos umbrais da morte, dirigindo-se ao mundo onde não existe nem tempo nem espaço, e onde somos realmente "nós mesmos".

VII

A LEI DA EVOLUÇÃO

... uma outra raça deve nascer entre nós, um Homem completo... Sri Aurobindo.

Dor e morte, os dois principais problemas do homem, revelam o seu verdadeiro significado e a sua real finalidade, apenas se foram enquadrados no grande esquema da Lei da Evolução, porque esses são, realmente, os dois meios evolutivos fundamentais que ajudam o homem a se tornar conhecedor de sua verdadeira natureza, a desapegar-se da identificação com a forma e a passar a um novo reino, o quinto, o reino espiritual.

É muito importante, pois, ter uma idéia bem clara da Lei da Evolução, naquilo que diz respeito, sobretudo, ao homem, no qual tal lei se torna o despertar e a ampliação gradual da consciência.

Não me detenho a falar em evolução no reino subumano, que é agora reconhecida e aceita como verdade científica, embora os pareceres ainda discordem quanto ao seu fim. Todavia, o número dos estudiosos que aceitam, seja como simples hipótese, uma telefinalidade da evolução, vai sempre aumentando e seria absurdo negar que a ascensão da vida parece ter culminado no homem, o ser mais completo e mais perfeito da terra, do ponto de vista morfológico; realmente "... não parece que a Natureza tenha criado novas espécies animais ou vegetais desde que o homem ocupa a crista evolutiva".

Por outro lado, o aparecimento do homem não assinala o fim da evolução, e sim o início de uma nova fase da evolução mesma, isto é, o progresso não mais exclusivamente biológico e morfológico, mas sobretudo moral, psicológico, interior e espiritual: o desenvolvimento da consciência.

Essa nova evolução, que parece ser o resultado da evolução orgânica, é porém, essencialmente diferente, porque é algo com o qual o homem colabora: de fato "só o homem, entre todos os organismos, sabe que evolui, e só ele está em condições de dirigir a sua evolução". (G. G. Simpson, *O Significado da Evolução,* p. 365.)

Isto acontece porque a evolução, no plano humano, não é apenas coletiva, mas também, e sobretudo, individual: no homem, realmente, verificou-se alguma coisa nova e de importância decisiva: o nascimento da *autoconsciência.*

O homem sabe que evolui, porque é consciente do seu eu, porque "sabe que existe", e está em condições de pensar, de querer, de escolher e de determinar.

Diz Annie Besant: "... à proporção que ascendemos, vemos aparecer uma liberdade sempre maior, até que no homem se manifesta uma energia espontânea, uma liberdade de escolha, que é, verdadeiramente, a aurora da manifestação de Deus, do Eu, que começa a revelar-se no homem".

Eis por que a evolução, no reino humano, é profundamente diferente da que tem lugar nos outros reinos da natureza. Não é mais a forma que evolui, mas a consciência, e isso significa que o progresso humano é um fenômeno de ordem essencialmente interior e psicológico, que terá efeito também no exterior, no campo social, moral, cultural e espiritual, mas apenas como projeção objetiva da maturidade subjetiva alcançada.

Portanto, para compreender a evolução do homem, só a ciência não é o bastante, porque ela apenas estuda a matéria, os seus fenômenos e as suas leis, e não estuda as manifestações do comportamento psicológico, moral e espiritual do homem total, que não é somente matéria, mas também intelecto, vontade, sentimento e espírito.

Para enfrentar o assunto da evolução humana é necessário, portanto, apelar também para a filosofia, para a psicologia e para as doutrinas religiosas e espirituais.

O homem é estudado em seu conjunto, que é um complexo de muitos fatores, e com muita razão diz Alexis Carell, autor do notável livro "*O Homem, esse desconhecido*", que o homem é "uma síntese total dos processos fisiológicos, mentais e espirituais".

É necessário, pois, ter bem claro na mente esse fato, ao observar a humanidade do ângulo visual da lei de evolução e só assim poderemos discernir, em meio à aparente desordem, incoerência e confusão que parecem reinar sobre a terra, o harmônico, ordenado e luminoso funcionamento da força evolutiva e da lenta ascensão constante (embora às vezes fatigante) da consciência humana em direção do Espírito.

No reino humano, como já foi dito, a evolução é individual, isto é, depende do progresso de cada um. O melhoramento do indivíduo influencia a evolução coletiva da humanidade, ou, antes, produz essa evolução, porque cada homem gera influência, seja no sentido exterior, no seu ambiente, na sociedade etc., com sua maneira de comportar-se, de pensar, de sentir, seja no sentido interior, na psique coletiva da humanidade com a qual seu mundo psíquico está ligado. Embora não tenhamos consciência disso, somos todos ligados por fios invisíveis, e a separação, a incomunicabilidade, são ilusões, pois há sempre uma contínua interação entre os homens, uma incessante permuta de correntes de pensamento, de emoções, de energias psíquicas... Portanto, se se quisesse julgar o nível evolutivo alcançado pela humanidade, tomada em seu conjunto, a conclusão seria que ele é o resultado da média do grau evolutivo de cada um.

A todo momento do caminho evolutivo da humanidade existem, contemporaneamente, muitos desníveis de desenvolvimento entre os homens. Existem, ao mesmo tempo, os selvagens, os brutos, os instintivos, e existem também os heróis, os santos, os gênios. Ao lado de um Gandhi, de um Einstein, ou de um Albert Schweitzer, têm estado o selvagem da Papuásia, ou o ser instintivo ainda identificado com a sua natureza animal.

O nível evolutivo da humanidade, em sentido coletivo, não pode ser julgado tendo presente os seres menos evoluídos de um dado período, nem os seres superiores, mas tendo presente o nível médio alcançado pela maioria, que é o que caracteriza a sociedade, a cultura, a moral, e todas as manifestações em cada campo daquela época em particular.

Os seres menos desenvolvidos e os superiores são minoria, mas aquela massa de nível médio representa considerável maioria, que parece estandardizada, quase que nivelada, embora seja formada de indivíduos diferentes. Os homens que formam essa massa são unidos e tornados iguais pelo nível de consciência alcançado, que os impele a conformar-se com certos usos, com certas regras, com certos hábitos. Eles ainda não estão "livres", isto é, plenamente *conscientes,* no verdadeiro sentido da palavra, já que a sua consciência nasce de condicionamentos, é formada de preconceitos, de opiniões saídas do ambiente, de um senso moral exterior e não autêntico...

Tais indivíduos não evoluem por escolha própria, mas seguindo a evolução geral produzida pelos poucos que se destacaram da uniformidade da massa por terem alcançado plena consciência do eu e seguem um progresso individual, autogerado por livre escolha.

Era isso que Emerson queria dizer, quando afirmava: "Quem quiser ser um homem deve ser um único".

Nesse fato vemos a manifestação de uma interessante analogia com o que acontece na evolução do reino subumano. De fato, foi observado e verificado por numerosos estudiosos modernos, que não é a acomodação que produz o progresso, mas, sem dúvida, a instabilidade, porque a acomodação tende ao equilíbrio, que pode transformar-se em imobilidade, inimiga da evolução.

Portanto, evolui não o mais acomodado, mas aquele que em certos momento é capaz de romper esse equilíbrio estático, e passa, assim, a um novo estado.

A esse propósito diz o biólogo Lecomte du Nouy: "Só um tipo entre todos não alcança jamais o equilíbrio, contudo sobrevive: o que está destinado a culminar no homem". E prossegue: "O verdadeiro ramo evolutivo era frágil e tênue, como se não pudesse adaptar-se perfeitamente...".

Transportada para o reino humano, essa lei se manifesta como o progresso daquele que, a um certo ponto do caminho evolutivo, destaca-se da uniformidade da massa, torna-se um indivíduo com idéias próprias, um homem novo, um pioneiro em qualquer campo, aberto para o futuro, livre de condicionamentos e de preconceitos, dotado de criatividade e de intuição.

Esse tipo de homem é aquele verdadeiramente "consciente", que se pode dizer dono de um "eu", dotado de vontade, de pensamento e de liberdade de escolha. Ele sabe que está evoluindo para um desenvolvimento de consciência sempre mais amplo, com o qual pode colaborar voluntariamente. Não é mais, portanto, padronizado, passivo à influência ambiental e social, mas é positivo, criativo e independente. Isso não quer dizer que se tenha tornado separativo, fechado em seu eu, porém que se tornou conhecedor da sua dignidade de homem, da sua natureza espiritual, que o torna capaz de consciência verdadeira e de vontade: em outras palavras, ele se *auto-realizou*; e a auto-realização autêntica, longe de criar uma sensação de isolamento, de separatividade ou de superioridade, leva a uma compreensão maior dos próprios semelhantes, a uma colaboração mais sensata e inteligente, a um senso de unidade consciente e amorável para com os outros, porque a autoconsciência é o reflexo do Eu Divino na personalidade e portanto, outorga capacidade de amor, de vontade e de inteligência ativa e iluminada.

É a essa altura que o homem começa a sentir a força ascensional da evolução, que está dentro dele como um fogo oculto, uma energia propulsora e dinâmica, o Agni de que falam os Vedas, que é encontrado em todos os níveis, no átomo, no homem, no cosmo. Esse Agni, esse fogo, essa energia é a alavanca que o homem empunha quando se torna conhecedor da meta que deve alcançar para progredir sempre mais em direção da consciência plena.

Antes ele seguia passivamente a evolução inconsciente da massa; agora, porém, propõe-se a progredir, melhorar a si mesmo e, sobretudo, a "transformar-se" de criatura do Quarto Reino em pioneiro do Quinto Reino, o reino da humanidade futura, plenamente consciente e despertada.

"Em verdade, duvido que haja para um ser pensante um momento mais decisivo do que aquele em que descobre, caídas as escamas de seus olhos, que não é um elemento perdido na solidão cósmica, mas, sem dúvida, uma vontade viva universal, que converge e se humaniza nele. O homem, não mais o centro estático do mundo, como já há muito tempo se acreditava, mas o eixo da evolução, o que é bem mais". (Teillhard de Chardin, *O Fenômeno Humano.*)

Tudo isso confirma que a evolução humana é, sobretudo, um desenvolvimento da consciência, um amadurecimento subjetivo que tem suas fases, seus "degraus", e que leva consigo determinadas manifestações e obtenções.

Eis porque às vezes não é fácil compreender o nível evolutivo de uma pessoa, julgando-a pelo exterior. O seu estado de consciência é o índice do nível alcançado; é o grau de manifestação da autoconsciência, o metro com que se deve medir sua estatura real. Todavia, embora não seja fácil perceber o verdadeiro grau de evolução de um indivíduo, podemos notar, entretanto, observando a humanidade em seu conjunto, a infinidade de temperamentos, a diversidade de inteligência, de bondade, de espiritualidade... Sobre a terra estão o bruto e o santo, o idiota e o gênio, o assassino e o herói. O homem é capaz de todas as baixezas, e, ao mesmo tempo, pode subir aos mais altos cimos de idealismo e da espiritualidade.

Assim, como podemos duvidar que existem níveis diversos de evolução?

Como podemos negar essa prova tão evidente de um crescimento e de um "movimento", se assim se pode dizer, da consciência humana para uma expressão sempre maior, uma sempre crescente plenitude e complementação?

Pode ser que, olhando para a humanidade em seu conjunto, esse crescimento quase nos pareça fugir. Mas devemos ter presente, como já foi dito, que a evolução humana, exatamente por ser um desenvolvimento da consciência, é um fato interior e individual e, em conseqüência, muito gradual e lento.

Basta pensar que se calcula a idade da Terra em torno de dois ou três bilhões de anos, e que tenha havido uma lenta adaptação à vida, mais ou menos como a conhecemos, por cerca de dois ou três bilhões de anos. E, durante todo esse tempo, incomensuravelmente longo, houve apenas a passagem da primeira unidade viva (uma molécula contendo carbono, semelhante a um vírus) para a ameba (protozoário unicelular) e a passagem da ameba para o homem. E essas duas passagens foram, ambas, complexas, longas e difíceis.

Quanto tempo será necessário, agora, para que o homem possa alcançar sua expressão plena e passar com sua transformação para um outro reino?

Serão necessários outros dois bilhões de anos, ou o progresso poderá ser acelerado?

São perguntas às quais não se pode responder facilmente, mas é lícito nutrir a esperança de que, quando um número suficiente de homens tiver tomado consciência de sua natureza real e começar a colaborar com a força evolutiva, a ascensão poderá fazer-se mais rápida, mesmo porque será consciente e voluntária, e toda a humanidade poderá receber um benéfico auxílio do progresso daqueles homens "despertados", porque existe uma unidade que reúne todos os homens em um nível anímico e espiritual, há uma co-participação e uma contínua permuta de energia e de estados de consciência.

Tais seres mais evoluídos atuam como "catalisadores", consciente ou inconscientemente, e quem entra na órbita da sua irradiante influência não poderá ficar imune a um impulso novo, a um contágio benéfico e vitalizante.

Com maior razão, é essa, exatamente, a tarefa dos que realizaram o Eu, e passaram da inconsciência para a consciência: ajudar com seu Amor, com seu serviço e com sua presença, todos os que estão prontos e sensíveis, e se mostram receptivos para a energia espiritual.

Não devemos esquecer, portanto, que o progresso e o desenvolvimento da forma foram muito lentos, porque a consciência estava como que aprisionada nela, era insciente e se identificava com a matéria inerte, enquanto o desenvolvimento da consciência no reino humano é auxiliado e acelerado pela adesão da vontade e, sobretudo, pelo fato de existir um Grande Ímã, que atrai para o alto: o Eu, o pólo positivo, que com a potente força de atração, continuamente chama a si o pólo negativo, até realizar a união total.

Seguir a força evolutiva que nos conduz à Unidade é, na realidade, seguir a linha de menor resistência, a linha espontânea e natural: isso fica provado pela sensação de profunda alegria, harmonia e felicidade que sentimos quando a ela nos abandonamos. Porque "evoluir" significa tornarmo-nos aquilo que somos, abandonar o exílio da inconsciência e voltar a ser plenamente conscientes da nossa Divindade essencial.

VIII

A LEI DOS CICLOS

> *...A Grande Existência Única se manifesta na objetividade periódica e ciclicamente.*
> *...A Lei Cíclica governa a manifestação de toda forma da vida.* Blavatsky, *A Doutrina Secreta.*

Toda a vida é entretecida e regulada pelos ciclos e pela periodicidade. É um suceder-se e um integrar-se harmônico e regular de ritmos e de fluxos e refluxos. É um imenso e eterno movimento rítmico e circular: a espiral infinita que sobe girando em torno de si mesma e que mantém o equilíbrio do cosmo. É a batida do grande coração universal, é a "respiração de Brahma", como dízem poeticamente os hindus.

Em todo o cosmo, em todos os níveis, atua a grande Lei dos Ciclos, que regula a misterioso mecanismo da manifestação.

Tal Lei está ligada ao movimento rotatório, que existe por todo o universo, do átomo às estrelas. Cada corpo celeste, de fato, gira em torno de um eixo; cada átomo gira em torno de um ponto central; e mesmo o homem, oculta e psicologicamente, manifesta um movimento rotatório em torno do núcleo central da sua consciência: o Eu.

Em todos os níveis e sob todos os aspectos, podemos

encontrar esse movimento cíclico: nos fenômenos da natureza, no homem, no cosmo.

Também o processo evolutivo é periódico e cíclico.

Isso foi observado por muitos estudiosos, entre os quais basta citar Giambattista Vico, que constatou o repetir-se periódico e regular de certas experiências coletivas da humanidade, que ele chamou "idas e vindas" da história.

Na verdade, a evolução está ligada à idéia de periodicidade, de ritmo, de *repetição* no tempo, pois o movimento ascensional da consciência humana segue, simbolicamente, não uma linha reta, mas uma linha em espiral que parece retornar para si mesma a cada volta e repetir o mesmo percurso, na sua subida lenta e progressiva. Mas a repetição, o retorno, acontecem sempre uma oitava acima, ou melhor, em um degrau mais elevado.

Tal símbolo tem um profundo significado esotérico e, uma vez que seja realmente compreendido, pode mesmo constituir, para aquele que quer realmente realizar a verdade em sentido prático, uma técnica evolutiva verdadeira e própria, pois revela que o progresso interior é fruto de *uma constante e rítmica repetição* de certas práticas e que deve ser "global", isto é, deve incluir todos os aspectos da personalidade; deve ser integral, circular, como nos diz o símbolo da totalidade do ser, que é um círculo.

No que se refere aos ciclos sobre o plano físico, basta observar os fenômenos da natureza para nos convencermos da sua existência. O alternar-se rítmico das estações, do dia e da noite, das fases lunares, das marés etc., constitui prova da manifestação da Lei dos Ciclos sobre o plano físico.

Em nível biológico, então, a periodicidade é um fato cientificamente aceito, seja no que se refere ao homem, seja no que se refere aos organismos inferiores, tanto que recentemente foi incluído na biologia um novo ramo, a biorrítmica, com o fim de observar e estudar os ritmos e os ciclos da vida.

Os estudiosos puderam constatar que, a começar pela vida primordial dos tecidos, no crescimento e divisão das células, na multiplicação do protoplasma e dos núcleos, a vida marca as leis e os ritmos do tempo. É a indispensável alternância da atividade e do repouso da vida, que se revela inequivocamente, sempre e onde quer que seja, em toda a manifestação.

É um tema universal, que atrai e fascina a mente dos físicos, químicos, biólogos e psicólogos.

Esses últimos fizeram interessante descoberta com relação aos ciclos da vida psíquica, constatando que eles se desenvolvem não menos regular e, evidentemente, do que os ciclos da vida vegetativa.

As alternâncias periódicas de euforia e depressão, de atividade e inércia, de vitalidade e fadiga, de elevação espiritual e obscuridade, são experiências comuns, que sempre surpreenderam, perturbaram e despertaram curiosidade na mente do homem desejoso de conhecer, tanto a si mesmo como o mistério da existência.

Também Goethe observou isso, pois escreveu em seu *Diarii*: "Devo observar mais de perto o círculo dos dias bons e maus que giram em mim mesmo. Paixão, apego, impulso de fazer isto ou aquilo, capacidade criativa, execução, ordem, tudo muda e todavia se move em um círculo perfeito. Serenidade, espera, elasticidade e também calma, langor, desejo. Devo, ainda, descobrir em que tempo, e com que fim, em conformidade com que lei natural eu me movo em torno de mim mesmo". (26 de março de 1780.)

Hoje, a psicologia do inconsciente pode observar que até o subconsciente segue ritmos bem precisos, tanto que existem "incursões" periódicas de energias provenientes do inconsciente na consciência, que demonstram a existência de uma espécie de "movimento" regular de fluxo e refluxo entre o eu consciente e os níveis profundos da psique, movimento que foi constatado por Jung e chamado por ele "movimento de progressão e de regressão da libido (energia psíquica)", semelhante ao ritmo da sístole e diástole do coração.

Poderemos indagar, a esta altura: "De que depende essa periodicidade universal? Quais são as causas que a produzem?"

Os cientistas dizem que, no que se refere ao homem e aos organismos inferiores, a causa deve ser atribuída à existência de determinadas forças externas, que têm nítida influência sobre eles.

Tais forças são: a flutuação barométrica, o campo gravitacional, a eletricidade atmosférica e, além disso, forças provenientes do espaço, como as fases lunares, as ondulações do campo magnético que circunda a terra, a chuva de raios gama, de raio X, os raios cósmicos e outras forças eletromagnéticas de proveniência extraterrestre (por exemplo, o ciclo das manchas solares) etc.

O jogo dessas forças gera ciclos que foram chamados "marés atmosféricas" e que têm grande influência, como dissemos, sobre a vida em todos os níveis e sobre o homem, não apenas no plano biológico, mas também no plano psíquico.

Foi constatado, realmente, que o sistema nervoso do homem é um sensibilíssimo receptor de energias eletromagnéticas, o mais perfeito que se conhece na natureza: "É de todo possível, pois, – diz o doutor Harold S. Burr, professor de anatomia da Universidade de Yale e apaixonado estudioso desses fenômenos – que os campos magnéticos terrestres influam, através de um mecanismo que ainda não conhecemos, sobre o comportamento do homem...".

Outros estudiosos da biorrítmica observaram, depois de acurados estudos, que existe no homem um ciclo da sensibilidade e do humor com duração de 28 dias.

Tal descoberta abre caminho para fascinantes especulações, baseadas sobre a estranha coincidência da duração de 28 dias da órbita lunar e do referido ciclo da sensibilidade do homem.

Todavia, há muito tempo imaginava-se haver uma influência das fases lunares sobre o comportamento do homem, como, de resto, também sobre o dos outros organismos e, sobretudo, sobre os temperamentos nervosos e sobre os doentes mentais, pois a moléstia, em seu exagero, torna mais marcante e evidente as manifestações periódicas da personalidade.

Que haverá escondido por trás dessa misteriosa coincidência?

Por que as fases lunares influem sobre a natureza e sobre o homem?

A ciência não sabe responder a essas perguntas, uma vez que explica "como" acontecem os fenômenos, mas não "por quê". É somente a intuição espiritual que nos pode ajudar a compreender o verdadeiro significado do que acontece no mundo objetivo. Não devemos jamais esquecer que tudo o que acontece, tudo o que existe, é o *símbolo* de alguma realidade espiritual, é a projeção, no plano objetivo, de algum acontecimento sugestivo e transcendente. E isso é verdadeiro também no que diz respeito à lua e suas fases.

Na ciência esotérica, a Lua simboliza a personalidade humana, enquanto o Sol simboliza o Espírito, o Eu. Assim, o ciclo lunar, com as suas fases, é a projeção exterior de um evento que se desenvolve regular e periodicamente nos planos interiores, isto é, o fluxo e o refluxo rítmico das energias entre o Eu e a personalidade, o movimento de introversão e extroversão da consciência, que repete no microcosmo o que acontece no macrocosmo. No indivíduo, em outras palavras, reflete-se a "grande respiração de Brahma", o cíclico alternar-se de Pralaya e Manvantara, que regulam a Vida Universal.

No homem, essa "respiração" do Eu tem um ciclo bem preciso de vinte e oito dias: quatorze de inspiração, de introversão, de ascensão, do novilúnio ao plenilúnio, e quatorze de expiração, de extroversão, de descida, do plenilúnio ao novilúnio. Esse fluxo e refluxo cíclico revela-se com sintomas e estados de ânimo bem precisos, dos quais o indivíduo nem sempre tem consciência e dos quais não sabe explicar a causa.

Em geral, durante o período que vai do novilúnio ao plenilúnio há uma tendência ao recolhimento, a estar "consigo mesmo", a refletir, e assim se é menos levado às atividades externas. Ao contrário, durante o período que segue ao plenilúnio, as energias fluem na personalidade e provocam no indivíduo uma tendência a expressar-se, a firmar-se no físico, a ser ativo, a realizar-se e a extroverter-se para os outros e para o mundo objetivo.

Os cientistas puderam constatar a existência dos ciclos e das alternâncias periódicas dos estados de ânimo e também da eficiência mental dos indivíduos, depois de longos e pacientes experimentos e estatísticas, mas não souberam explicar claramente a causa.

Formularam hipóteses, mas nenhuma delas inteiramente satisfatória. Devemos, então, deduzir que a verdadeira causa de tudo isso que acontece e que parece inexplicável, como já dissemos, só pode ser encontrada em nível espiritual, enquadrando o homem em um todo mais amplo e universal. Não é a mente concreta, com sua capacidade de análise e de deduções que nos pode levar à verdade, mas a intuição, que é o aspecto superior da mente, com a sua consciência sintética e imediata, que vai além da aparência e pode captar a realidade.

De um ponto de vista prático, seria muito útil se o homem se tornasse consciente do movimento cíclico da sua vida interior e conseguisse inserir-se voluntariamente nele, ajustando-se ao ritmo gerado pela "respiração" profunda da sua Alma.

Dessa maneira, ele aceleraria muitíssimo o desenvolvimento da sua consciência e poderia superar muitos obstáculos e dificuldades, causados exatamente pela sua oposição inconsciente a esses ritmos do Eu e pela sua ignorância da grande Lei cíclica que permeia com o seu influxo todo o cosmo.

Com freqüência o homem esquece, ou não sabe, que não é uma entidade separada, mas que está ligado, por meio de fios invisíveis, mas reais, a todo o universo, a tudo que existe, e que sua verdadeira natureza é divina e, portanto, não limitada e não separada do Todo.

A Lei dos Ciclos nos demonstra, ainda uma vez, e sob um aspecto específico, como o relativo e o Absoluto são, na realidade, partes de uma grande unidade, e como o Todo é regulado por uma Ordem maravilhosa e por uma grande Harmonia, em todos os níveis.

IX

A LEI DA HARMONIA

A alma do mundo foi amoldada pela harmonia musical. A harmonia é ação sem esforço. Platão.

Para bem compreender o significado dessa grande Lei Cósmica, é necessário que procuremos aprofundar a verdadeira natureza e o verdadeiro segredo da harmonia, que se manifesta em todo o universo, em todos os níveis.

A primeira coisa sobre a qual devemos nos deter é a própria palavra "harmonia". Que significa, realmente, essa palavra?

O Webster dá essa definição:

"Harmonia significa a justa adaptação das partes uma com a outra, de maneira a formar uma unidade complexa".

Harmonia, portanto, é *unidade na multiplicidade*.

Na realidade, "harmonia" é diferente de "união", que quer dizer fusão, identificação, amalgamação das várias partes, pois indica uma totalidade que resulta do conjunto de partes diversas, de notas diferentes, que todavia não se fundem nem se anulam entre si, mas *estabelecem uma justa relação* recíproca, e de tal modo se completam, se enriquecem e se integram mutuamente.

A Lei da Harmonia também pode ser definida: "Ciência dos relacionamentos", baseada na justa vibração.

Toda manifestação é permeada e regulada por essa grande lei, pois que por trás da aparente multiplicidade, por trás das diferenciações extremas, por trás da diversidade, dos contrastes, do caos aparente, existe uma trama de beleza, de ordem, de equilíbrio, de perfeita harmonia.

A manifestação, em todos os seus aspectos, é como uma grandiosa sinfonia, na qual cada coisa tem a sua parte, o seu lugar exato e a sua nota, que deve fazer soar. É como um imenso mosaico ilimitado, formado de tantas pedrinhas multicores que, vistas de perto, parecem não ter qualquer sentido, separadas como estão umas das outras, mas, observadas em seu conjunto, formam um quadro completo, cheio de significação e de beleza: o quadro do Plano Divino.

O Uno, manifestando-se, diferenciou-se nos Muitos, mas não se separou deles; continua a "viver" neles, multiplicando-se, enriquecendo-se e aprofundando neles Sua inexaurível força criadora.

O mistério do Uno nos Muitos sempre atormentou a mente do Homem que procura a verdade.

"Andei em peregrinação pelo deserto da Arábia, para encontrar o homem que pudesse levar-me a compreender como o Uno possa ser Muitos", exclamava Coleridge e o seu grito pode bem ser aquele de todos os que procuram resolver esse problema.

Todavia, ele não pode ser resolvido com a mente e com a especulação filosófica.

O homem, imerso no relativo e cônscio apenas do seu pequeno círculo de consciência, que, de início o fecha e separa dos outros e do Todo, deve descobrir essa Harmonia na diversidade e na multiplicidade, *reconstuindo-a,* pouco a pouco, dentro de si próprio. Ele passará através dos conflitos, dos trabalhos e das crises, que o levarão a graduais e sucessivas harmonizações, conquistadas com o lento desabrochamento da capacidade de criar *relações corretas.*

Dissemos que a Lei da Harmonia existe em todos os níveis, seja no macrocosmo, seja no microcosmo; porém, já que, segundo a Lei da Analogia (que examinaremos a seguir), cada fato se repete "tanto acima como abaixo", podemos examiná-la e estudá-la começando pelo que está mais perto de nós.

Se, por exemplo, tomarmos os campos da música, perceberemos que entre a harmonia musical e a harmonia que existe no cosmo em todos os níveis, há uma estreita analogia, uma correspondência exata, pois tudo quanto existe é som, é vibração.

O Uno criou a manifestação por meio do Som, da Palavra, e infundiu em tudo o que existe uma Sua nota particular, uma Sua vibração.

O segredo da Lei da Harmonia está de fato encoberto nessa verdade oculta.

Não foi por acaso que Platão falava em "harmonia das esferas", pois certamente intuíra que o Universo é efetivamente governado pelo som e permeado de sons: é uma imensa e grandiosa sinfonia.

Para que se possa aceitar essa afirmação, é preciso compreender o que realmente vem a ser o som.

O som é vibração.

É uma energia vibrante segundo o comprimento de diversas ondas, que variam com a mudança de tom e de timbre. O som responde, por isso, também às leis matemáticas, porque isso é "número".

O Absoluto também é chamado "o Grande Geômetra": de fato, o universo é o resultado de uma perfeita composição geométrica.

A manifestação, portanto, é governada pelos sons, pelos números, por perfeitas regras matemáticas e a Lei da Harmonia demonstra essa verdade.

Quem conhece as regras da harmonia musical, sabe que a música é perfeita matemática, mesmo que depois ofereça resultados de beleza, de sentimento, de arte.

Na verdade, como se compõe um acorde musical?

É composto da reunião de notas que tenham um *relacionamento exato* entre a sua freqüência (que, em geral, é, para os acordes maiores, um relacionamento de primeira, de terceira, ou de quinta, em relação à nota dominante).

No homem repete-se essa regra, seja no que diz respeito à harmonia interior entre os vários aspectos que compõem a sua personalidade, seja no que diz respeito à harmonia em relação aos outros, pois que, conforme dissemos outras vezes, o homem espelha o Universo e todas as Grandes Leis Cósmicas se encontram nele.

O homem é uma unidade que resulta do conjunto dos vários aspectos, das várias energias, que têm, cada um, uma nota, uma vibração. E essas várias notas devem harmonizar-se entre si e com a "nota dominante" da entidade humana.

E qual é essa nota dominante?

É o ponto central da consciência do homem, o seu Eu Espiritual, a sua verdadeira essência.

Assim, no que se refere à harmonização entre os indivíduos diferentes por temperamento, por tendências, por grau evolutivo, o "acorde" só pode ser criado se eles conseguirem encontrar a nota justa que deve soar a vibração exata que os eleve acima do eu egoístico, a um nível de consciência mais alto, onde vibra a "nota dominante" do Eu Espiritual, a única que pode dar o *relacionamento exato.*

O homem, todavia, antes de encontrar essa concordância "no vértice" da sua consciência passa por uma fase de conflito, de embate, de atrito com os demais, pois está tentando criar o relacionamento apenas no plano "horizontal" sem superar o egoísmo e a separatividade; depois, passa por uma fase de graduais e sucessivas harmonizações, à proporção que supera os vários contrastes em um *ponto mais alto.* De fato, a harmonia entre dois opostos só pode ser encontrada em um ponto mais elevado, que tenha alguma coisa de comum a ambos.

Esse esforço de busca de "alguma coisa em comum" que constitui a base da harmonização é, na realidade, um incentivo a subir, que aproxima da fonte, da origem divina, da essência espiritual que é comum a todos os seres.

Há, realmente, uma outra definição da harmonia, que tem um significado mais completo e mais profundo: "A harmonia consiste nas relações materiais e espirituais das partes entre si e com o centro do qual elas provêm. É como se raios irradiassem do centro e depois voltassem a ele, tal como sons devolvidos pelo eco ao ponto de onde emanaram".

Tudo, na realidade, deriva de um Único Centro, de um Único Som, e se várias notas não se afinam também com Ele, a harmonia que se pode criar entre elas é apenas efêmera e ilusória.

Isso nos leva a uma consideração muito importante e fundamental: a dificuldade de harmonizar-se com os outros deriva do fato de não estarmos harmonizados dentro de nós mesmos, de não termos ainda encontrado "o acorde harmônico" entre as várias notas que compõem nossa personalidade humana, e o acorde com o Centro, o Ser autêntico e Divino que se alberga dentro de nós, e que é o reflexo do Uno no homem.

No microcosmo humano repete-se o que acontece no macrocosmo. Também no homem existe a unidade na multiplicidade. Também no homem está o Uno, que é o Eu espiritual, que se multiplica, diferencia-se, expressa-se sob vários aspectos que, na realidade, são apenas partes de um Todo Único.

E de que forma isso acontece?

Acontece porque "o som é o agente da lei de atração e repulsão" e "seja em sentido oculto, como em sentido profundamente metafísico, vem a ser aquilo que chamamos *relacionamento entre...*". (A. A. Bailey, *Cartas sobre a Meditação Oculta*, p. 58.)

Assim, a harmonia se apóia no fato de que existe a atração e a atração é dada pelas vibrações do som.

Na realidade, tudo é som. Mesmo as cores têm seus sons correspondentes, possuindo cada qual sua vibração própria.

A ciência de hoje está descobrindo aos poucos essa verdade. Difunde-se, por exemplo, a "cromoterapia", ou seja, a cura das doenças por meio de cores usadas com exatidão, e a "musicoterapia", isto é, a cura dos distúrbios físicos e psíquicos por meio da música. Aceita-se, agora, a idéia de que o som tem um enorme efeito, não só sobre as emoções e sobre os estados psíquicos do homem, mas também sobre o físico e sobre a matéria em geral.

É notável o experimento da areia finíssima ou da limalha de ferro que, colocadas sobre uma lâmina de metal, dispõem-se em forma geométrica e ornamental, ao se fazer vibrar essa lâmina segundo notas diversas, por meio de um pequeno arco. Isso demonstra que o som emana vibrações capazes de se comunicarem à matéria e, o que é mais importante, *vibrações harmônicas,* que criam formas de belezas e simetria.

Não devemos esquecer que a Harmonia, realmente, é sinônimo de Beleza, pois o senso do belo é dado, na maior parte das vezes, das justas proporções, da simetria, do relacionamento exato das partes.

Podemos, na realidade, remontar à grande Lei da Harmonia também observando a beleza que existe na natureza e que se revela por toda a parte: uma folha, uma flor, um cristal de neve, um crustáceo, e até mesmo nos tecidos epiteliais ou musculares que, vistos ao microscópio, aparecem em formas e cores maravilhosas.

Beleza que é harmonia, harmonia que é beleza e que o Absoluto espalhou a mancheias em todo o cosmo, expressando a Si mesmo, com Leis perfeitas de equilíbrio e de ordem.

Voltando agora ao efeito produzido pelo som, seja sobre a matéria, seja sobre os estados psíquicos, não podemos omitir uma referência à influência da música sobre o homem. Ficou comprovado que certas melodias chegam ao ponto de produzir anestesia, de fazer relaxar, outras acalmam as emoções ou favorecem o afloramento do inconsciente nos tratamentos psicanalíticos e, outras ainda, evocam estados superiores de consciência...

Não é possível, agora, expor e descrever as inumeráveis aplicações terapêuticas da música, mesmo sob a forma de dança e de canto. Basta essa referência para demonstrar, pelo menos em parte, que todas as coisas, todas as formas, todos os aspectos são sensíveis ao som, isto é, às vibrações, mesmo porque tudo o que existe não é senão um sistema vibratório em atividade, ou seja: *tudo é som.*

A ciência descobriu, ainda, a existência dos "ultra-sons", que são vibrações de comprimento de freqüência tão rápida, que podem aprisionar uma força potentíssima, a ser usada para as operações cirúrgicas incruentas (por exemplo, as operações no cérebro) ou para perfurar matéria muitíssimo resistente.

Tudo isso foi dito para demonstrar que *tudo é vibração,* e que somente quando o homem aprender a reconhecer praticamente essa realidade e se tornar sensível às vibrações, poderá compreender as leis da Harmonia oculta e perceber os *sons* interiores, as notas que emanam dos outros níveis de vida e inserir-se na grande sinfonia que há milênios ressoa no universo, não escutada pelos nossos ouvidos físicos, mas percebida e registrada pelas nossas próprias vibrações.

O estudo da Lei da Harmonia nos demonstra, ainda uma vez, como tudo está ligado em uma maravilhosa unidade e como, na realidade, a ciência, a psicologia e o esoterismo afirmam, com linguagem diferente, a mesma verdade.

X

A LEI DA ATRAÇÃO

Quem pensa que não a conhece, conhece-a; quem pensa conhecê-la, não a conhece realmente. Sama-Veda.

A Lei da Atração é uma derivação, ou antes, uma conseqüência inevitável da unidade essencial da vida. A atração demonstra, de fato, que em cada diminuta parte do universo manifestado está latente a aspiração de reunir-se ao Uno, de onde provém.

Na realidade, essa lei é uma das mais importantes e conhecidas, mas é, também, uma das mais complexas. Seria possível dizer que é a lei fundamental da manifestação e, na verdade, neste sistema solar ela é a principal.

Funciona em todos os níveis, seja em sentido cósmico, seja em sentido planetário, e em todos os reinos da natureza.

No reino humano, então, manifesta-se não apenas materialmente, mas também emotiva, mental e espiritualmente.

Vejamos, em primeiro lugar, as suas manifestações no plano físico, em sentido geral.

A Lei da Atração no plano físico expressa-se sob vários aspectos, tais como:

a) força da gravidade;

b) magnetismo;

c) coesão.

A força da gravidade, que sentimos a todo momento, é na realidade uma força misteriosa, diante da qual mesmo os cientistas ficam estupefatos e perplexos.

"Que vem a ser a gravitação? É uma força espiritual? É impalpável, invisível, sem forma, sem cor, sem temperatura e silenciosa como o pensamento. Contudo, nada pode destruí-la ou diminuí-la... Ela é a lei das leis e manifesta a vontade por excelência, a Vontade suprema do grande Todo". (M. Maeterlink, *A Grande Lei*.)

A gravitação, verdadeiramente, embora sendo uma força que parece referir-se unicamente à matéria, é qualquer coisa de inexplicável e misteriosa, talvez porque também a matéria é, na realidade, um enigma.

Ademais, sua influência é tão vasta e tão difusa, que tudo, desde a nossa sobrevivência até a ordem que governa o cosmo inteiro, depende dela.

Para dar alguns exemplos, é a força da gravidade que entretém a área em torno da nossa terra, que faz cair a chuva, que provoca as marés, que faz aumentar o nosso peso, que permite que nos mantenhamos em equilíbrio. É também a força da gravidade que impele e reúne os átomos que vagam pelo espaço, até formar nuvens cósmicas de poeira intergaláctica, que, então, amolda em estrelas...

Ela é inexorável e inexaurível, e não podemos invertê-la, detê-la ou torná-la mais lenta, opondo-lhe corpos densos, porque penetra através de qualquer espessura, mesmo de quilômetros e quilômetros, atraindo sempre.

Da força da gravidade, portanto, derivam todos os movimentos que existem no universo e, por conseqüência, a vida.

Como magnetismo, a Lei da Atração foi descoberta e estudada desde a Antigüidade.

Os chineses antigos conheciam a bússola e Tales de Mileto descreveu a magnetita e sua propriedade de atrair material de ferro.

Lucrécio, em seu *De rerum natura,* faz uma poética descrição dessa força de atração:

"Devo, passando a outra coisa, explicar-te como
"opera a natureza,
"dando virtude à pedra para atrair o ferro,
"que os Gregos
"chamam, em sua terra, Magnete,
"que antes
"foi tratada de Magnésia terra.
"Surpreendendo-se todos com seu estranho poder...".
(Livro VI, v. 906 e ss.)

Além de um magnetismo mineral há, também, um magnetismo biológico que, ao ser descoberto, suscitou, nos primeiros tempos, perplexidade e dúvidas. Hoje, entretanto, o magnetismo biológico passou a fazer parte da ciência, com dignidade e seriedade, e tanto isso é verdade que se formou um novo ramo da ciência: a magnetoquímica biológica.

Também a coesão, que é a força que mantém reunidos os átomos da matéria, tornou-se um problema científico de primeiro plano, desde que os estudiosos começaram a investigar sobre essa força, que mantém juntas as partículas do átomo. Segundo as leis formuladas pelas forças conhecidas, as partículas de um núcleo atômico deveriam fugir uma da outra, ao invés de se juntarem tão fortemente a ponto de obrigar os físicos a manejarem enormes máquinas para separá-las. Essa intensíssima coesão dos prótons e dos nêutrons deve ser, dizem os cientistas, *um gênero de força em tudo diferente de qualquer outra força que conhecemos.*

Mas, que gênero de força?

Isso ainda é um mistério para os cientistas.

Vemos assim, ainda uma vez, que a ciência só pode explicar "como" acontece um fenômeno, mas não "por que" ele acontece.

Devemos recorrer à intuição e às doutrinas espirituais

para conhecer a verdade, que sobre o plano físico se manifesta apenas como reflexo ou como símbolo de uma realidade mais alta.

A Lei da Atração, que a ciência estuda e observa em seus vários aspectos sobre o plano físico, como todas as leis universais, *tem sua raiz no céu* e é uma manifestação da Vontade Divina.

O próprio Newton disse exatamente ao estudar a gravitação: "... Excetuando-se o braço de Deus, não conheço na natureza poder algum capaz de produzir tal movimento".

Eis, pois, o apelo a Deus do cientista impotente que, a um certo ponto, se vê constrangido a confessar que há um limite para o conhecimento científico e que é forçoso admitir uma Vontade Superior que tudo regula e governa.

Para as doutrinas espirituais, a Lei da Atração é, pois, a lei fundamental da criação, e encontra-se em todos os níveis das manifestações, dos mais elevados aos mais baixos, tanto no macrocosmo como no microcosmo.

Como temos feito até agora para as leis que já examinamos, observemos de que modo a atração se manifesta no microcosmo representado pelo homem.

A Lei da Atração no plano humano tem uma enorme importância e, se bem compreendida, pode fornecer-nos a chave para resolver muitos problemas, sejam psicológicos, sejam espirituais. Ela realmente atua em todos os níveis, a começar do físico-etérico até o nível anímico.

Quando se manifesta no plano físico, a Lei da Atração poderia melhor chamar-se Lei da Afinidade Química, e produz o relacionamento entre os dois sexos, relacionamento que, na realidade, é símbolo de uma verdade oculta, que todavia a humanidade ainda não está pronta para compreender e utilizar.

Sobre o plano emotivo e mental, a Lei da Atração produz "associações" isto é, relacionamentos baseados sobre sintonia ou sobre polaridade.

A sintonia é criada entre notas ou vibrações semelhantes e a polaridade, ao invés disso, entre os opostos, que se atraem, porque tendem a integrar-se e a completar-se mutuamente.

A sintonia, portanto, é uma *soma* de notas iguais e acontece facilmente e com espontaneidade, enquanto a integração, que nasce da polaridade, é um harmonização de notas diferentes e pressupõe um esforço, ou mesmo um conflito, ao início, como constatamos ao falar da Lei da Harmonia.

A integração é, pois, mais difícil do que a sintonia, porque não se produz espontaneamente, mas por efeito de superação, de adaptação e da criação de algo novo.

A polaridade, portanto, é criativa e evolutiva.

Na realidade, a sintonia, a união entre semelhantes, não leva à completação. A completação vem da união e integração de dois opostos. Se somássemos luz + luz + luz, jamais chegaríamos à totalidade, ao senso de completação. Somente se opusermos sombra à luz, como a matéria ao Espírito, poderemos encontrar a Unidade.

Na verdade, Deus, o Absoluto, o Transcendente, inclui em si os dois opostos de Espírito e Matéria, de Pai e Mãe, de positivo e negativo, e é só ao manifestar-se que se divide em dois.

Por isso existe a força da atração, que é o impulso irresistível para recompor a unidade perdida.

Um outro fato interessante para se notar, é que a Lei da Atração atua tanto em sentido exterior, objetivo, como em sentido interior, entre os vários aspectos e funções da personalidade, e até mesmo entre a personalidade e a Alma, entre o corpo e o Espírito.

Algumas vezes essa atração se exerce em nível inconsciente, isto é, não temos ciência de que estamos sendo atraídos para alguma coisa de que temos necessidade para alcançar a completação. Sentimos insatisfação, vazio, angústia, mas não sabemos explicar a razão disso. Somos afligidos por uma sensação de solidão, de separação, mas não sabemos como remediá-la. E exatamente por estarmos inconscientes dessa força de atração, encerramo-nos em nossa torre de marfim, em nosso "eu separativo", cada vez mais, em lugar de favorecer o impulso para expandirmo-nos, de reunirmo-nos aos outros, de "associarmo-nos", que se comprime no fundo de nós mesmos.

O nosso sofrimento vem exatamente dessa inconsciência que nos impede de superar a separatividade, a ilusão da incomunicabilidade, que são a origem de todo o mal e de toda a dor.

Não foi por acaso que se escolheu a palavra "diabo" para indicar o gênio do mal; pois, se analisarmos a etimologia de tal palavra, descobriremos que ela vem do grego "dia-ballo", que quer dizer "separar", "dividir", "desunir".

Portanto, sempre se intui que o Mal é o contrário da união, e que só reconstruindo essa união poderemos reencontrar Deus, o Bem.

Também a palavra inglesa "hell", inferno, vem do verbo "to hell", que quer dizer "circundar com um muro", "separar", "isolar".

A separatividade, realmente, sempre foi chamada "a grande heresia", portadora do mal e do sofrimento.

O nosso "eu" pessoal, imerso na massa inconsciente e nebulosa da psique coletiva, a um certo ponto deve ser superado, deve alargar-se, e é ajudado nisso pela grande Lei da Atração, pelo impulso irresistível para realizar relacionamentos, para formar pontes com os outros, para recriar lentamente, e estágio por estágio, a Unidade primitiva.

Assim, no plano humano, a Lei da Atração se manifesta como Amor, Fraternidade, Cooperação, Espírito de Grupo.

Em sentido interior, a Lei da Atração produz integração, harmonização e síntese entre os vários veículos da personalidade, em torno de um ponto central da consciência, que é o verdadeiro Eu.

A atração mais importante, contudo, que aparece em sentido subjetivo, é aquela entre a personalidade e a Alma, é a polaridade fundamental que temos dentro de nós e que é a causa de muitas das nossas lutas, de tantas das nossas crises e de sofrimento infinito, antes de transformar-se em Paz e Alegria infinitas.

É a Alma, o Eu Superior, na realidade, que exerce atração sobre a personalidade, e que funciona como potente ímã sobre as energias que compõem os veículos pessoais.

Podemos indagar de nós mesmos: por que a Alma é magnética?

Porque tem em si a consciência da Unidade, ou antes, é a própria Unidade e o seu modo de ser é união, amor, identificação. Eis por que sua Lei principal é a da atração.

Todavia, o homem que se identificou com a sua personalidade e com a forma, é inconsciente de sua verdadeira essência, do seu Eu Real, e durante longo tempo não percebe essa atração da Alma; ou melhor, percebe-a inconscientemente, como sensação de vazio, de insatisfação, de solidão, de separação. Sente-se incompleto, e então busca a completação em caminhos errados, no exterior, mantendo-se constantemente iludido.

Na realidade, a separação não existe, a cisão entre a Alma e a personalidade é ilusória. Existe apenas em nossa consciência limitada, porque nos identificamos com o não-eu; essa identificação, porém, criou uma barreira e um distanciamento que exigem todo um longo caminho evolutivo para serem superados.

Poderíamos dizer que o sofrimento fundamental do homem, sua angústia existencial é, na realidade, o sentimento de ter perdido a si mesmo, de se ter distanciado da sua realidade espiritual e, assim, de Deus.

O nosso Eu, a Alma, todavia, exercendo seu constante e paciente magnetismo sobre o eu pessoal, fechado em sua ilusão, pouco a pouco faz com que ele passe da inconsciência para a consciência, da identificação com a forma ao desapego dela e, enfim, para a identificação com a Unidade. E, assim, o homem tem a revelação de que não existe dualidade nem existe separação, mas apenas união, completação, totalidade.

A Lei da Atração, pois, que existe em todo o universo e exerce sua força em toda a parte e sempre, é a prova mais evidente desse anelo cósmico de cada pequena partícula existente para reunir-se ao Grande Todo. É a força que produz o impulso evolutivo, que gera o movimento para o centro e nos reconduz à "Casa do Pai".

XI

A LEI DA COMPENSAÇÃO

> *Causa e efeito... semente e fruto não podem estar separados, porque o efeito brota já na causa; o fim preexiste nos meios, o fruto na semente.* Emerson.

O homem, desde a Antigüidade, tem estado sempre aguilhoado pelo problema da Justiça Divina, e tem se perguntado se ela existe verdadeiramente, pois no momento da dor, da provação e da desventura, que parecem vir sem uma causa aparente, ele tem a sensação de estar sendo injustamente atingido por uma Vontade Superior, fria e desumana.

Na realidade, existe uma justiça perfeita, uma harmonia total, um equilíbrio infinito, que regulam toda a manifestação, que são expressão da Vida Divina e das suas Leis universais, e *nada do que acontece pode ser injusto e sem causa.*

Isso está demonstrado na Lei da Compensação, que atua sempre e em toda a parte na manifestação, como todas as outras leis cósmicas e espirituais que temos examinado até o presente momento.

Para o homem, ainda imerso no relativo e fechado em seu limitado círculo de consciência, é difícil compreender essas Leis, que são a expressão natural da vida pulsátil e dinâmica do Uno, e é difícil, também, acreditar que exista essa perfeita Justiça, esse Equilíbrio universal, acima dos conflitos, das disparidades, das discordâncias, das desigualdades que se mostram à sua visão restrita.

Todavia, quando pouco a pouco, com o evoluir da sua consciência, a sua intuição vier a despertar, então começará a ver tudo com olhos novos e, sobretudo, a "entrar" (*intus-ire*) na realidade que está por trás das aparências, e o funcionamento das Leis Divinas se tornará perceptível para ele.

No que diz respeito à Lei da Compensação, ela é certamente uma das mais compreensíveis para a mente humana, e muitos grandes homens a intuíram, observando, simplesmente, o desenrolar-se da vida.

Tal Lei é conhecida também sob o nome de Lei da Ação e Reação; mas a palavra "compensação" dá melhor idéia da forma como funciona, qual é seu exato fim, que vem a ser o de "reequilibrar" e restabelecer a harmonia, quando ela é interrompida.

De fato, a Lei da Compensação está intimamente ligada à Lei da Harmonia, e à verdade oculta da onipresença de Deus.

"... o Todo aparece onde quer que apareça uma parte... Ele reaparece com todos os Seus atributos em cada fio de erva, em cada teia de aranha", diz Emerson.

A prova de tal onipresença nos é dada pela própria Lei da Compensação, demonstrando-nos que a Harmonia Universal, isto é, a Unidade Divina, encontra-se em toda minúscula parte do cosmo.

Para melhor compreender o funcionamento dessa lei, vejamos, em primeiro lugar, como ela se manifesta no plano físico.

Basta observar a natureza, para perceber que um mecanismo de compensação está presente nela, sob vários aspectos. Por exemplo, no reino animal, os cientistas puderam constatar que nenhuma criatura é particularmente favorecida com prejuízo de outra, mas existe uma tendência imparcial para o equilíbrio que parece querer compensar sempre qualquer defeito ou falha.

Um outro exemplo, sempre no plano físico, nos é dado pela teoria das forças mecânicas, que afirma: "quanto ganhamos em força, perdemos em velocidade e vice-versa" (regra de ouro da mecânica).

Também no homem pode haver muitas compensações no nível físico. Por exemplo, uma pessoa que tenha deficiência em um órgão ou em algum dos cinco sentidos, desenvolve, por um mecanismo de compensação, um outro órgão ou um outro sentido. Assim, por exemplo, os cegos tornam-se mais sensíveis à audição e ao tato etc. Os surdos desenvolvem um elevado poder de atenção, os amputados de um membro desenvolvem mais a capacidade do outro membro...

Às vezes acontece que mesmo um determinado defeito físico anime o indivíduo por ele afetado a desenvolver uma faculdade diametralmente oposta àquele defeito.

É notável, por exemplo, o fato de Demóstenes, gago, tornar-se um brilhante orador e Byron, que mancava, tornar-se um ágil esportista...

Seria possível dar infinitos exemplos desse gênero de compensação no plano físico.

Ainda mais interessante é a compensação em nível psicológico, de que tanto se ocupou Alfred Adler. Ele pôde, realmente, observar que uma deficiência física, congênita ou adquirida, gera no indivíduo um forte sentido de inferioridade e, ao mesmo tempo, uma tendência espontânea e irresistível, mas inconsciente, para a compensação, ou até mesmo para a hipercompensação.

Os homens de baixa estatura, por exemplo, tornam-se voluntariosos, autoritários e, às vezes, até mesmo tirânicos e despóticos.

As pessoas privadas de beleza tendem, instintivamente, a desenvolver qualidades de inteligência, de criatividade, de bondade e de amor, segundo cada temperamento, tanto que com freqüência acontece que tais pessoas sejam repletas de fascínio, de atrativos, mais do que outras dotadas de beleza física.

Um outro aspecto dessa grande Lei da Compensação é encontrado no campo psicológico, e é o que se revela quando o homem é atingido por uma prova dolorosa, ou qualquer outro sofrimento.

Se ele é psiquicamente sadio, irão mover-se nele forças, inseridas em sua própria natureza, que tendem a restabelecer a serenidade, o equilíbrio e a harmonia, perturbados por aquele sofrimento ou por aquela crise.

Essas forças naturais têm sido observadas e estudadas por numerosos psicólogos, e são chamadas "forças reguladoras da vida psíquica".

Franziska Baumgarten, psicóloga alemã, escreve: "A compensação, como processo psíquico, não é senão o efeito de forças reguladoras da vida psíquica".

Esse impulso natural que está dentro de nós para restabelecer o estado de equilíbrio perturbado pela tempestade emotiva da dor é uma das provas mais evidentes da existência, seja da Lei da Compensação, seja da Lei da Harmonia.

É sobre esse ponto que devemos concentrar nossa atenção; por trás desses mecanismos espontâneos e inconscientes de compensação, que existem tanto no plano físico como no plano psicológico, está a grande Lei cósmica e universal da Compensação, que permeia tudo e que se revela também no microcosmo, em todos os níveis e sob infinitos aspectos.

Devemos ter sempre presente que todo o cosmo é regulado pela Harmonia, pela Ordem e pelo Equilíbrio, e que cada mal aparente, cada defeito, cada erro, não passam de "movimentos" de perturbação dessa Totalidade perfeita, que de pronto produzem outros "movimentos" automáticos de reação, que têm a finalidade de recriar o equilíbrio alterado.

Um aspecto muito importante da Lei da Compensação é o que se conhece melhor sob o nome de Lei da Causa e Efeito, ou Lei do Karma, segundo a terminologia oriental (karma = ação e reação).

Também no sentido científico existe uma Lei de Causa e Efeito, ou de Ação e Reação, que assim se enuncia: "A cada ação corresponde uma reação igual e contrária" (3ª lei de Newton).

No campo filosófico, a Lei do Karma corresponde ao princípio de causalidade, que é um dos postulados fundamentais do pensamento, e pode enunciar-se simplesmente assim: "Todo fenômeno tem uma causa", ou, como diz Spinoza: "Sendo dada uma determinada causa, daí resulta inevitavelmente um efeito".

Todavia, na Lei do Karma há muito mais do que apenas um fenômeno de "ação e reação"; existe uma das mais evidentes provas de compensação e de reequilíbrio, a nível humano.

Geralmente, no que diz respeito ao homem, a Lei do Karma é interpretada como o manifestar-se de uma Justiça Divina que premia ou castiga, desde que a ação ou causa postas em movimento foram positivas ou negativas.

Na realidade, não há nenhum julgamento moral nessa Lei, nenhuma finalidade de retribuição ou punição, pois ela é apenas um movimento espontâneo e automático de forças postas em movimento pelo próprio homem, forças que obedecem à tendência universal que permeia todo o cosmo, para manter a Harmonia e a Unidade.

"No Karma vemos a lei do reajustamento, que tende sempre a restabelecer o equilíbrio perturbado no mundo físico e a harmonia despedaçada no mundo moral", diz H. P. Blavatsky na sua *A Chave da Teosofia,* acrescentando depois: "O único decreto do Karma, um decreto eterno e imutável, é a harmonia absoluta no mundo da matéria, como no mundo do Espírito".

Assim, a Lei de Causa e Efeito é, na realidade, uma lei mecânica, que não tem um "porquê" moral, mas apenas um fim equilibrador em um universo que se pressupõe ser uma totalidade, uma Unidade em perfeita harmonia.

Tal Universo é permeado pela mesma energia divina em todos os níveis, dos mais altos aos mais baixos e, como dissemos no início deste capítulo, o Absoluto está em toda a parte.

Todas as vezes que realizamos uma ação, seja em nível físico, emotivo ou mental (porque também o sentimento e o pensamento são "ações"), produzimos um "movimento". Nesse Todo harmônico, pomos em movimento vibrações e forças. Essas vibrações se forem "negativas, ou "desarmônicas", produzem uma reação para "compensar", para "reequilibrar" aquela desarmonia; e se, ao invés disso, forem "positivas", ou "harmônicas", põem-se em contato com vibrações iguais.

Na realidade, que é o mal?

Que vem a ser aquilo que habitualmente chamamos "culpa" ou "pecado"?

É o uso errado das faculdades e energias que nos são dadas pelo Uno, e é o fruto da ignorância das leis universais: é o manter-se separado, quando, ao invés disso, pertencemos ao Todo. É, portanto, e principalmente, desarmonia e desunião.

Assim, quando somos atingidos pela dor, por uma provação dura e difícil, ou quando estamos infelizes, isso quer dizer que estamos, simplesmente, recebendo uma "reação" automática a uma desarmonia posta em movimento por nós mesmos, e o próprio sofrimento que sentimos é a evidência dessa desarmonia e é o sintoma da luta que se está travando em nós, sem que o saibamos, entre o nosso Eu que tem consciência da Unidade, e a personalidade, que se sente separada e está imersa no egoísmo do Eu.

A Lei de Causa e Efeito não contém, portanto, um julgamento moral, e pode produzir no homem, como conseqüência, o desenvolvimento do senso ético e o conhecimento do justo e do injusto, mas é apenas o efeito espontâneo de causas postas em movimento por nós mesmos, sem o sabermos, efeito que tende, como dissemos, a recriar o estado de perfeito equilíbrio que existia antes e, assim, "compensar" a desarmonia que se formou.

Diz ainda H. P. Blavatsky: "É o homem que coloca e cria a causa; a lei cármica reajusta os efeitos dela, mas esse reajustamento não é um "ato". É a harmonia universal que tende sempre a reassumir sua primeira posição, tal como um ramo, que sendo curvado com excessiva força, retoma sua posição natural com vigor equivalente" (*op. cit.*).

Talvez esse aspecto da Lei da Compensação possa parecer, ao primeiro momento, um pouco obscuro e difícil de se compreender, ou pode, mesmo, dar a impressão de um frio mecanismo. Isso acontece principalmente porque estamos habituados a conceber Deus de maneira antropomórfica e personalista, embora não estejamos cientes disso, e projetamos sobre Ele, sem o percebermos, nossas paixões, nossas exigências humanas, nosso conceito do bem e do mal, de prêmio e de castigo...

Para nós, seres humanos, "justiça" significa "retribuição" e julgamento, e não a expressão de uma Lei impessoal e Universal de Equilíbrio e de Harmonia, que atua em todo o cosmo e em todos os níveis.

Tal Lei, todavia, é a manifestação do Propósito e da Vontade do Absoluto, como todas as outras Leis que regem o Universo em um grandioso e perfeito equilíbrio dinâmico. Um Absoluto, porém, que não é um Deus antropomórfico, mas sim o Incognoscível, "Aquele do qual nada se pode dizer", o Primeiro Motor, a Causa sem Causa, isto é, aquele Ser que é o Princípio de tudo e, ao mesmo tempo, permeia de Si mesmo toda a manifestação.

Então, exatamente porque somos, também nós, seres humanos, "Nele vivemos, nos movemos, e somos", temos a possibilidade não só de intuir essa verdade como de constatá-la e experimentá-la. Quando a nossa consciência real despertar, estaremos livres das limitações da mente concreta e poderemos ter a experiência direta da Unidade da Vida e do funcionamento das Leis Divinas, que operam em toda a parte do cosmo, tanto no átomo como na maior das estrelas, no homem e no céu, no plano físico e no plano espiritual. Dado que tudo está ligado por misteriosa correspondência e analogia, cada coisa que existe, seja no microcosmo, seja no macrocosmo, é portadora da verdade: se soubermos interpretá-la e decifrá-la, ficaremos em sintonia direta com a Vida.

XII

A LEI DA ANALOGIA

> *Céu no alto, céu embaixo: estrelas no alto, estrelas embaixo; tudo que existe no alto existe também embaixo...* Kircher.

"Um efeito é sempre semelhante à causa da qual parece emanar" afirma Meyerson, como tivemos ocasião de citar em um dos capítulos anteriores. E essa afirmação de um cientista parece confirmar a verdade enunciada no dito hermético: "No alto como embaixo; embaixo como no alto", que é o postulado fundamental da grande Lei da Analogia.

Essa lei talvez seja uma das mais práticas; ela fornece ao homem a chave mais simples e a maneira mais evidente de compreender o segredo da vida e redescobrir a Verdade enunciada pela ciência esotérica, pois que, conforme dissemos ao fim do capítulo precedente, tudo que existe está ligado pela correspondência e analogia, como um maravilhoso e perfeito sistema que, aos poucos, do maior ao menor, do macrocosmo ao microcosmo, reflete sempre a mesma Realidade, em gradações sucessivas, em regular simetria.

Isso acontece porque, como diz Van Der Leeuw: "Nada existe neste universo que esteja separado de Deus. Não há Deus de um lado e o universo de outro, não há um Ser Divino acima de um mundo privado de Divindade embaixo, mas Deus está presente em todos os pontos do universo e podemos nos aproximar Dele e senti-Lo em cada um desses pontos... Assim, Deus, e por conseqüência, a Trindade que é Deus, manifesta-se na natureza em torno de nós, no átomo, no mineral, na planta, no animal, não menos do que em nós próprios". (*O Fogo da Criação*, p. 13).

Todo o universo, pois, na sua multiplicidade e riqueza de formas e de aspectos, deriva de uma Única Realidade, e é formado por uma Única Essência.

Também a matéria, como já vimos, é, na realidade, da mesma natureza do Espírito, e assim, todas as leis que regulam as suas manifestações e seus fenômenos, não passam do reflexo das Leis Universais.

Toda manifestação não é senão "o símbolo condicionado da Realidade Absoluta", como diz Blavatsky.

Detenhamo-nos um pouco sobre a palavra "símbolo", porque é de importância fundamental compreender bem o seu significado. Na verdade, um dos meios principais para desenvolver a intuição é o estudo dos símbolos.

A palavra "símbolo" vem do grego *sin-ballo*, que quer dizer: colocar junto, confrontar, relacionar. Assim, significa um relacionamento entre duas ou mais coisas, entre duas ou mais idéias, expressas sinteticamente.

Os símbolos são infinitos e podemos encontrar símbolos das mais variadas espécies e em todos os aspectos do mundo objetivo.

Diz A. A. Bailey: "Que coisa existe neste mundo objetivo que não seja um inadequado símbolo de uma Idéia Divina? Que coisa sois, vós mesmos, senão a manifestação exterior de uma Idéia Divina? Devemos aprender a discernir entre os símbolos de que estamos rodeados, e penetrar, então, por trás do símbolo, na idéia que ele deve manifestar". (*A Ilusão como Problema Mundial*, p. 23.)

Também o homem é um símbolo, assim podemos dizer,

o símbolo por excelência da Idéia Divina, pois para ele convergem todas as energias, todas as leis e todos os segredos do universo.

É possível analisar o homem sob todos os aspectos: físico, psicológico e espiritual, e verificar sempre que ele é, simbólica e analogicamente, a *unidade de medida* para se compreender e conhecer o segredo da Criação, pois é ele o portador do arquétipo divino.

Portanto, para compreender a Lei da Analogia, que melhor campo de estudo e observação podemos encontrar senão o próprio homem, em cujo íntimo está oculto o *mysterium magnum* da manifestação?

Na realidade, "conhecer a si mesmo" não foi sempre o caminho principal para chegar-se à verdade, aconselhado pelos filósofos, pelos sábios e pelos iniciados de todos os tempos?

Examinemos, agora, algumas analogias existentes entre o Absoluto e o homem.

A primeira e mais notável analogia é a da triplicidade.

Em todas as religiões o Princípio Universal, Deus, é sempre descrito como Uno e Trino. Na religião cristã, de fato, o Pai, o Filho e o Espírito Santo; no hinduísmo, Brahma, Vishnu e Shiva.

Esses três aspectos, ou pessoas, da Trindade Divina são, na realidade, energias cósmicas que se qualificam, no esoterismo, como Vontade, Amor e Inteligência Criadora.

Também no homem encontramos essa triplicidade em todos os níveis. A Alma, realmente, tem três aspectos (Atma, Buddhi e Manas, que correspondem a Vontade, Amor e Inteligência Criadora). Também a personalidade, o eu inferior, é tríplice, porque é composta de três aspectos: mente, emoção e corpo físico. Por fim, os instintos principais do homem são três: instinto de auto-afirmação (vontade) instinto gregário (amor) e instinto sexual (criatividade).

Um outro exemplo de analogia, que lança nova luz

sobre o mistério da criação, é a que (segundo a intuição de alguns estudiosos, como, por exemplo, Chevrier) existe entre a lei de inércia da física, a lei psicológica dos hábitos e a formação da matéria cósmica.

Uma pergunta, de fato, apresenta-se espontânea à nossa mente e é a que diz respeito à origem da matéria, que é o pólo oposto do Espírito, mas que está nele ao mesmo tempo (pelo menos na aparência) bem diferente dele, pela sua inércia, sua densidade, suas limitações e suas múltiplas formas.

A lei física da inércia diz que *toda direção dada a um objeto material continua indefinidamente, se não houver intervenção de uma outra força para desviá-la.*

No campo psicológico há uma correspondência exata de tal lei na gênese dos hábitos. Realmente, quando desejamos desenvolver uma nova faculdade e fazemos um esforço de vontade para adquiri-la, imprimimos uma direção à energia vital, direção que continua a repetir-se inconscientemente, criando, de início, um automatismo e, por fim, um hábito.

Não nos damos conta desse processo psicológico quando tentamos desenvolver uma faculdade, mas os estudiosos puderam constatar, depois de numerosas observações e experimentos, que isso acontece sempre do mesmo modo: de início é um esforço consciente da vontade que dirige a energia psíquica para a faculdade a desenvolver e depois há uma queda (por assim dizer) de tal esforço no inconsciente, que não se extingue porém, mas continua a repetir-se automaticamente, produzindo, com o tempo, um resultado bem definido, isto é, um *hábito.*

Bem sabemos que cada novo hábito aumenta a possibilidade de ação imediata, mas restringe a liberdade, porque se transforma numa espécie de condicionamento, de determinismo.

Procurando agora, num ímpeto de intuição, compreender analogicamente o processo de formação da matéria, vem espontânea a pergunta que nos fazemos: não existiria, em escala universal, uma lei semelhante à da inércia da física e à lei psicológica do hábito, que fosse a origem transcendente, a causa primária da qual elas provêm?

Poderia ser, também, que o Uno, o Absoluto, tenha "imprimido uma direção" à energia cósmica (Fohat) para produzir a manifestação, colocando assim em movimento uma série de conseqüências espontâneas e inevitáveis que, automaticamente, deram lugar a sucessivas e graduais *condensações* e limitações, até chegarem ao estado de extrema condensação e inércia da energia, aquilo que chamamos "matéria".

"Fica a impressão, pois, que todas as coisas aqui embaixo aparecem solidificadas, quase como se *o céu se tivesse enrolado como um tapete,* para usar a frase dos Upanixades... O *alto*, assim, está envolto no *embaixo*, e se pudéssemos seguir o processo, talvez chegássemos a compreender realmente alguma coisa sobre a verdade..." (G. R. Mead, *No Alto como Embaixo,* p. 9).

Segundo essa ousada, mas fascinante intuição, a matéria teria sido formada por um processo conseqüencial e espontâneo, por uma força de inércia natural, que encontra confirmação analógica no homem, que é o reflexo microcósmico do Uno.

Com isso não se pretende afirmar, com promissor orgulho, que o homem seja igual a Deus, e sim apenas que o homem *faz parte* de Deus, é um com Ele, e que as leis que regulam o microcosmo espelham fielmente as Grandes Leis Universais.

Se aceitarmos essa hipótese intuitiva, poderemos dizer que a matéria é, de certa forma, o "Carma do Espírito", isto é, o efeito inevitável de uma ação do Espírito, efeito que Ele próprio pôs em movimento, criando, assim, uma autolimitação, um condicionamento, que deverá ser superado com esforço, com dor e com penosos conflitos, pois a inércia da matéria, tendo se tornado um automatismo, transformou-se em uma resistência e em uma prisão.

Podemos encontrar analogia não apenas no "espaço", mas também no "tempo", isto é, nos ritmos e nos ciclos que regulam a vida de todo o universo.

Já vimos, falando da Lei dos Ciclos, como toda a manifestação responde a um movimento rítmico e circular, em todos os níveis, movimento que se repete regularmente no tempo, porque a verdadeira importância dos ciclos está no segredo da "repetição".

Ciclos cósmicos, como o Pralaya e o Manvantara, a grande respiração de Brahma, alternam-se com os ciclos individuais.

Fluxos e refluxos, expansão e retraimento, involução e evolução, vida e morte... tudo se alterna e se repete em ritmo regular que parece marcar o Tempo do Universo, como a batida de um grande coração cósmico.

O homem repete em sua vida física, psicológica e espiritual esses ciclos, e é, também nisso, como sempre, o reflexo perfeito do macrocosmo.

Poderíamos dar ainda numerosíssimos exemplos de correspondência e analogia, porque eles são encontrados sob infinitas formas em torno de nós e dentro de nós. Mas, para dar esses exemplos, deveremos repetir o que já foi dito quando falamos das outras Leis Universais, que, na realidade, são todas reguladas pela Lei da Analogia: é o que acontece com a Lei da Atração, a Lei da Harmonia etc.

Poderíamos quase dizer que a Lei da Analogia é a "chave" para compreender o funcionamento de todas as outras leis, já que contém um método, além de expressar fatos objetivos, e é uma verdadeira e apropriada técnica de conhecimento, como vemos, por exemplo, na filosofia, na qual encontramos o "raciocínio analógico", e na ciência, onde com freqüência é usado, na pesquisa, o "método das similitudes" ou das "correspondências".

É necessário saber remontar dos efeitos às causas, desenvolvendo, assim, gradativamente, a capacidade de passar do particular para o geral, da análise para a síntese.

Observando tudo que acontece e tudo o que existe e meditando sobre isso, adquire-se a faculdade de "ler" o Grande Livro da Natureza, que foi escrito pela Mão de Deus de uma forma que esconde e revela a Verdade. Assim nos tornamos capazes de ver a realidade por trás das aparências, a Idéia Divina atrás da forma, usando o método analógico, que pode ser considerado a "chave de ouro" que abre a porta da Verdade.

XIII

A LEI DO SACRIFÍCIO

O homem que se despojou de todos os desejos e vive sem apego, isento da idéia de posse, livre do egoísmo, alcança a paz. Bhagavad Gita, Canto II, 71.

A Lei do Sacrifício e a Lei do Serviço, de que trataremos no próximo capítulo, têm caráter um tanto diverso do das outras leis que foram tratadas até o momento presente, porque, embora tendo também elas origem cósmica e função universal, estão mais intimamente ligadas à evolução humana e têm ação direta sobre o desenvolvimento da consciência.

Além disso, a Lei do Sacrifício está especificamente ligada à Lei da Evolução, e, assim, pode-se dizer que seja para ela um corolário indispensável.

Não é errado dizer-se que o mecanismo da evolução, em todos os reinos da natureza é baseado, de fato, no sacrifício, compreendido no sentido mais profundo e esotérico da palavra.

Para bem compreender essa verdade é necessário antecipar que a evolução da consciência não seria explicável se não admitíssemos uma precedente "involução" da energia divina criadora, isto é, uma gradual exteriorização e "condensação" do Espírito. Na verdade, como diz Sri Aurobindo: "A Matéria é o precipitado final, o último produto da necessária fragmentação e densidão da consciência".

"Ninguém pode subir ao Céu, senão quem dele desceu" está escrito no Evangelho, e essas palavras ocultam o segredo da evolução.

Vejamos agora como é que tanto a involução (descida), como a evolução (subida), são reguladas pela Grande Lei Cósmica do Sacrifício, que funciona tanto do alto para o baixo (no movimento de involução), quanto do baixo para o alto (no movimento de evolução).

Tal Lei poderia, pois, ser assim enunciada:

1) Seja qual for o aspecto inferior, só pode nascer do sacrifício do aspecto superior.

2) Seja qual for o aspecto superior, só se pode manifestar com o sacrifício do aspecto inferior.

Esses dois postulados da Lei do Sacrifício contêm, em síntese, o segredo da evolução e uma técnica precisa para o desenvolvimento da consciência.

Todavia, antes de continuarmos, é necessário que nos detenhamos numa questão muito importante e essencial para a completa compreensão dessa lei. A palavra "sacrifício" não é de todo sinônimo de sofrimento, de dolorosa renúncia, de imolação... O verdadeiro significado desse termo é o que vem da própria etimologia da palavra, oriunda do latim *sacrum facere,* isto é, "realizar um ato sagrado".

Veremos, no decorrer deste capítulo, o que é realmente esse *ato sagrado,* e por que o homem ligou a idéia de dor à palavra sacrifício.

A Lei do Sacrifício, portanto, funciona, seja em sentido cósmico, seja em sentido individual, tanto do alto para baixo, quanto de baixo para o alto.

Do alto para baixo é a energia divina do Absoluto que faz um sacrifício, porque, ao manifestar-se, ao criar a matéria, autolimita-se, aprisiona-se na forma. Esse Seu sacrifício, porém, é espontâneo e jubiloso, porque Sua nota fundamental é "o impulso de dar".

Não há idéia alguma de sofrimento nesse sacrifício do Divino a favor da criação, porque a manifestação é fruto de uma *jubilosa emissão de vida.*

O Absoluto não poderia deixar de manifestar-se, de envolver-se, de autolimitar-se, já que essa é a Sua maneira de expressar Sua atividade e Sua vida.

"O Sacrifício do Logos consiste no fato Dele circunscrever voluntariamente a própria vida infinita a fim de poder manifestar-se". (A. Besant, *A Sabedoria Antiga.*)

Esse sacrifício do Divino é reencontrado como tema fundamental em todas as religiões, tema que deu lugar à doutrina do Salvador do Mundo.

Na religião cristã, por exemplo, diz-se que Deus deu à humanidade o Seu Filho Unigênito, a fim de que Ele, com Seu sacrifício, oferecesse aos homens uma oportunidade de salvação e redenção. Essa doutrina tem um significado esotérico e simbólico que se poderia traduzir assim: "O Absoluto imergiu na manifestação uma parte de Si, uma centelha divina, o "Princípio Crístico" (que é, precisamente, o segundo aspecto da Divindade: o Filho), que, desse modo, foi "crucificado na matéria", mas, ao mesmo tempo, deu à matéria a alavanca para poder remontar, evoluir e "retornar à Casa do Pai".

O nome esotérico da Lei do Sacrifício é, realmente: "A Lei Daqueles que escolheram a morte e, morrendo, viveram".

Tal nome pode ser aplicado, seja ao sacrifício do alto para baixo, seja o do baixo para o alto.

Em cada indivíduo repete-se esse drama cósmico e universal, pois o Eu, a Centelha Divina individualizada, ao tomar uma forma humana, uma personalidade, aprisiona-se, "morre", isto é, torna-se inconsciente e esquece sua origem e sua natureza divina; assim, deve lutar penosa, cansativa e lentamente, para reconquistar "consciência" de si próprio.

Por isso diz-se que evoluir significa "retornar àquilo que realmente somos".

A esta altura podemos indagar: por que o sacrifício do alto para baixo, a autolimitação, é voluntário, espontâneo e jubiloso, enquanto o sacrifício de baixo para o alto, o retorno, a subida, são cansativos, penosos e lentos?

A razão disso está oculta no fato de que a matéria, pela sua própria natureza, aprisiona e limita.

Assim como para o Espírito a característica fundamental é "dar", a característica fundamental da matéria é "receber" e "reter".

"A Matéria nada mais faz senão agarrar e tentar reter para si: a persistência da forma depende desse poder retentivo... Sua alegria está no agarrar e reter; para ela, dar quer dizer morrer". (A Besant, *op. cit.*)

A matéria é, como dissemos, o último precipitado do Espírito, é a condensação máxima da Energia Divina e, por isso, tem uma vibração tão lenta e pesada, que chega a parecer inerte e estática.

A centelha divina individualizada desce na matéria, tal como a semente na terra, e é envolvida pela obscuridade e a inércia, que a levam a cair no sono e na inconsciência.

O despertar é lentíssimo, pois, no remontar, a centelha divina deve lutar contra o peso da matéria e se opor ao seu instinto natural de "retornar" para o lugar de onde veio, à sua tendência a reter e cristalizar-se, implantada na própria matéria.

Assim, um atrito é produzido, um conflito que o homem sente como sofrimento e trabalho, porque sua consciência se identificou com a prisão que a retém, e interpreta a resistência da matéria como um sentimento seu, como uma exigência sua: por isso, agarra-se à condição em que se encontra e vê a evolução como renúncia e dor.

Nesse estado, ele não sabe que evolui e o sacrifício lhe é imposto do exterior, das circunstâncias, dos eventos, do impulso evolutivo que não leva em conta suas presumidas exigências e suas identificações erradas.

Então o homem sofre e se rebela, opondo-se cega e obstinadamente à força ascendente, que é inata no fundo dele próprio, e não percebe que, querendo ou não querendo, deverá subir e retornar à consciência espiritual.

Eis por que a humanidade ligou à idéia de sacrifício o significado de sofrimento e de renúncia imposta e não voluntária.

Enquanto o homem for inconsciente da força evolutiva que o impulsiona para a frente e para o alto, enquanto não "agarrar ele próprio a alavanca do seu dinamismo", estará encadeado ao rochedo da dor e do sofrimento, criado pela sua cega rebelião.

Essa alavanca interior, que devemos descobrir e agarrar, diz Sri Aurobindo, é "Agni, a consciência-força, o Fogo criativo", ou seja, o impulso ascendente, localizado na centelha divina que está em nós e que é o nosso verdadeiro Eu.

Para compreender e aceitar essa lei, embora de um ponto de vista prático e psicológico, em primeiro lugar deveremos procurar entender a verdadeira e íntima estrutura da nossa personalidade humana, que é o instrumento através do qual deve manifestar-se a energia divina individualizada em nosso Eu.

Todos os aspectos que constituem a nossa personalidade e a forma que a tem prisioneira, são energias de diversos graus vibratórios. Nossas emoções e nossos pensamentos, como também nosso corpo, são, na realidade, "energia". *Tudo em nós é energia.*

Na compreensão dessa verdade está oculto o segredo do sacrifício de baixo para o alto, que, deveria chamar-se "sublimação".

A técnica da sublimação é sintetizada exatamente nas palavras do segundo ponto da Lei do Sacrifício:

"Todo aspecto superior só pode se manifestar com o sacrifício do aspecto inferior".

A sublimação é um fato natural, agora reconhecido e admitido também pelos psicólogos, mas seu mecanismo não é conhecido.

Só as doutrinas espirituais podem nos dar a verdadeira explicação do seu segredo, que é uma técnica apropriada e verdadeira, semelhante à obra dos antigos alquimistas, desejosos de extrair ouro puro dos metais brutos. Compreender o mecanismo da sublimação, para o qual são espontaneamente levadas as energias que compõem a nossa personalidade, e procurar favorecê-lo conscientemente significa ter resolvido o problema central de nossa vida, que é o de "transformar" a nossa natureza material, o de "redimir" a matéria e recompor, assim, a unidade com o Espírito, unidade que perdemos.

O homem é, na realidade, um ser de transição, e é, ele próprio, o "laboratório", o "crisol" onde deve ser realizada a transformação, esse "ato sagrado" que lhe abrirá as portas de um novo reino, o quinto.

Assim, é dentro de nós mesmos que se realiza o trabalho, a obra de sublimação e de redenção, o "Magnum Opus" que ao início sentimos como sofrimento e luta, e depois, como consciente escolha e voluntária oferta das energias inferiores ao Divino.

No mesmo momento em que despertamos para o significado verdadeiro da vida e compreendemos o que está acontecendo dentro de nós, a sensação de sofrimento se distancia para sempre e o sacrifício se transforma em uma técnica oculta voluntária, por meio da qual, sem nada destruir e sem nada perder, extraímos o ouro puro do Espírito, do Eu, que se tornou crente, da matéria bruta da nossa natureza inferior.

Na verdade, "nada se pode criar na matéria que já não esteja nela", e nada realmente morre, mas se transforma.

O sacrifício, portanto, não é morte ou imolação, mas transformação, escolha, evolução consciente, retirada da energia de um aspecto inferior, a fim de canalizá-la para um aspecto superior.

De certa forma, a Lei do Sacrifício está ligada também à Lei da Compensação, que afirma que "para cada coisa que perdemos, há sempre uma outra que ganhamos", e que, a cada superação, corresponde sempre uma conquista e uma vitória.

Como um corpo sólido, quando submetido ao calor, primeiro se liquefaz e depois passa ao estado aeriforme, também os aspectos inferiores da nossa personalidade, submetidos ao fogo do sacrifício, tornam-se sempre mais sutis, puros, vibrantes e livres, conquistando qualidades e poderes que não se podiam manifestar no estado de limitação e inércia em que antes estavam encapsulados.

Assim, quando o homem começa a usar conscientemente a lei do sacrifício em sua vida, como uma verdadeira e apropriada técnica de sublimação, sente o enriquecimento e a potencialidade das suas faculdades mais altas, produzidos a cada superação sua e, então, entram em sua vida a alegria e a aceitação serena de cada acontecimento, mesmo que doloroso.

"Quando os Anjos se vão, então entram os Arcanjos", diz Emerson, enunciando com essas palavras, sem o saber, a profunda verdade esotérica oculta na Lei do Sacrifício, que é uma verdadeira e apropriada técnica operativa. A maior parte dos homens ainda não conhece esse aspecto do sacrifício e o interpreta, na melhor das hipóteses, em seu aspecto moral de ascese mística e de desapego das coisas terrenas.

Esse é o significado comum, dado por quem não conhece as leis esotéricas, à palavra sacrifício, que aparece como um preço a pagar, necessário e doloroso, para obter a paz espiritual.

Mas o verdadeiro "sacrifício" oculto, o *sacrum facere,* a dinâmica adesão à Lei Universal do Sacrifício, a sua utilização, bem outra coisa representam do que a resignada aceitação da renúncia. São técnicas potentes de transmutação e de criação, libertando energias poderosas e, longe de se fazerem expressão de cega obediência a uma Vontade Superior, tornam-se meios para colaborar conscientemente com essa Vontade e para abrir dentro de si mesmo uma extraordinária fonte de força, de alegria e de luz.

À proporção, pois, que o homem evolui e sempre mais se identifica com o seu verdadeiro Eu, que, no que se refere à personalidade, constitui o transcendente, começa a manifestar-se nele também o aspecto superior do sacrifício, o do alto para baixo, o "dar" que é próprio do Espírito e forma-se, então, um maravilhoso e harmonioso fluxo e refluxo de energia de baixo para o alto e do alto para baixo, semelhante a uma respiração rítmica interior, que corresponde à grande respiração cósmica da involução e da evolução. É nesse ponto do caminho evolutivo que começa a funcionar uma outra grande Lei, a do Serviço, baseada no *impulso para dar,* que vem do Espírito e no reconhecimento da Unidade entre os homens.

XIV

A LEI DO SERVIÇO

O Serviço é o instinto da Alma. A. A. Bailey.

O símbolo do homem é uma cruz, cujo braço vertical representa o movimento de descida e de ascensão da energia espiritual, e o braço horizontal a expansão, a ampliação da consciência, e o "dar" que disso se consegue.

Vida vertical e vida horizontal se entrecruzam no homem, criando uma dualidade harmônica e equilibrada.

A vida vertical, a descida e a subida do Espírito, é regulada pela Lei do Sacrifício, como vimos, e a vida horizontal é regulada, ao invés, pela Lei do Serviço.

Que quer realmente dizer "serviço"?

Nos livros espirituais, o serviço é definido como o efeito espontâneo do despertar da Alma, do Eu, e por isso significa que a nossa natureza espiritual fez nascer, como um instinto, o impulso de dar seu auxílio, sua energia e seu amor, a tudo e a todos, porque sua nota fundamental é a consciência da unidade da vida, com a capacidade que assim consegue, de idenficação e de amor altruístico.

Se isso é verdade, temos, todavia, uma pergunta espontânea a fazer: por que foi escolhida a palavra "serviço" para indicar esse impulso anímico de dar e cooperar? Não teria sido mais lógico e mais justo usar a palavra "amor"?

O termo "serviço" não foi, certamente, escolhido ao acaso.

Analisemos, antes de mais nada, o significado literal do verbo "servir". Se consultarmos um dicionário, encontraremos a seguinte definição:

"Servir, quando é *transitivo*, significa obedecer, estar sujeito (ex: servir o patrão), mas também significa realizar a própria obra, cumprir o próprio dever (ex: servir a Deus, a Pátria, a uma Idéia etc.), e quando é *intransitivo* quer dizer ajudar, ser útil a alguém ou a alguma coisa".

Assim o verbo "servir" adquire um significado diverso, segundo é usado como transitivo ou como intransitivo.

Esta análise do significado literal da palavra contribui para que se compreenda melhor a razão pela qual foi usada para indicar o impulso do Eu para se dar?

Talvez sim.

Na verdade, se refletirmos por um momento, veremos que a maneira de servir da Alma corresponde ao "servir" transitivo, isto é, levar a própria obra, consciente e inteligentemente, a atos que não expressem apenas Amor, mas também Vontade, Inteligência e Criatividade. Por isso não é usada a palavra "amor".

Quando, ao invés disso, o verbo "servir" é intransitivo, significando *ser útil*, expressa uma ação que pode ser realizada também inconscientemente.

Nesse sentido, o serviço é uma Lei Universal, que se manifesta em todo o cosmo e em todos os reinos da natureza, em todos os níveis, pois, conforme dissemos antes, atrás da diversidade, da fragmentação, das divisões, está a unidade da vida, da qual procede o *princípio de interdependência,* que poderia ser assim expresso: nada do que existe vive por si mesmo, mas todos os aspectos, todas as formas, todos os seres e toda a energia do Universo estão intimamente ligados entre si, e há constante permuta de vida, de forças, de vibrações em todos os planos, a começar pelo plano físico, até o mais alto plano espiritual.

Também o reino humano vive esse princípio de interdependência em todos os níveis, e é o que nos faz ser úteis e "servir", mesmo quando não estamos cientes disso.

Com a nossa própria vida, apenas com a nossa presença, nós *servimos.*

Cada ato, cada pensamento, cada emoção, cada vibração que de nós emana, tem conseqüências, embora não o saibamos. Nenhuma vida, mesmo a aparentemente mais vazia e estéril, é inútil, pois, na realidade, nós *não somos separados.*

Diz Sri Aurobindo: "Acreditávamos estar separados, cada qual em seu pequeno invólucro de pele, bem limpo, com um "dentro" e um "fora", um indivíduo... mas tudo está em comunicação... Não se pode tocar em um ponto sem tocar em todos os pontos, não se pode dar um passo para a frente ou para o alto sem que todo o resto do mundo dê um passo para a frente e para o alto".

Esta é a coisa mais maravilhosa: o fato de saber que nosso mínimo progresso não auxilia somente a nós mesmos, mas a toda a humanidade.

À proporção que evoluímos e amadurecemos interiormente, percebemos pouco a pouco essa verdade, tomamos consciência dela, e então passamos do serviço *insciente* (o servir intransitivo, o ser útil sem o saber) para o serviço *ciente,* ao senso de responsabilidade para com os nossos semelhantes, ao amor oblativo, que prepara o caminho para a revelação do Serviço da Alma, que é, ao mesmo tempo, "instinto" e ciência, Amor e Vontade, irradiação espontânea e ação inteligente.

Vemos, assim, que também o amor, o altruísmo, a cooperação, a fraternidade, que se sintetizam na palavra "serviço", estão baseados em uma Lei cósmica e universal.

Que são as Leis, afinal?

As leis humanas são um conjunto de princípios, de

regras, que têm a função de criar uma ordem e um equilíbrio na sociedade e de manter a justiça. São, contudo, idealizadas pela mente do homem, e por isso podem ser imperfeitas e relativas.

As Leis cósmicas e universais, ao invés, brotam espontaneamente da própria natureza do Absoluto, que é Ordem, Equilíbrio e Harmonia perfeitos, e têm a função de manter ou restabelecer precisamente essa ordem, esse equilíbrio e essa harmonia.

A Lei do Serviço é uma dessas Leis universais que funciona em todo o cosmo e liga tudo e todos com fios invisíveis de inter-relação e interdependência, manifestando-se sob infinitos aspectos e também através de leis subsidiárias, como, por exemplo, a Lei da Economia, a Lei da Adaptação etc.

Quando a Lei do Serviço se manifesta nos reinos inferiores ao humano, ou nos primeiros estágios do reino humano, está estreitamente ligada à Lei do Sacrifício, para que as formas inferiores possam ser utilizadas pela força evolutiva, à proporção que perecem. "Mors tua, vita mea", parece ser esse o tema da vida, enquanto passa de forma em forma, em seu caminho ascendente. Não se trata, porém, de uma demonstração de indiferença ou dureza da Divindade para com as formas que Ela criou, mas é a prova de que aquilo que chamamos "morte" é um processo necessário à evolução e que não representa um fim, porém uma transformação.

Aos poucos, a Lei do Serviço nos libera da idéia de sacrifício, pois abre caminho na consciência humana para o senso da unidade e da comunhão com os outros, e o homem começa a compreender que cada dor e cada experiência sua, cada desenvolvimento de consciência que alcança, não servem apenas a ele próprio, mas a toda a humanidade.

Esta é uma afirmação que parece quase absurda, fechados como estamos na ilusão do nosso pequeno "eu" separado, e não sabemos o quanto seria aligeirada a nossa pena e quanto seria mais leve o nosso trabalho, se nos convencêssemos de que, sofrendo e lutando, servimos também aos outros, que cada parte do nosso ser que transformamos, cada energia que sublimamos, contribuem para o progresso e a evolução da humanidade inteira.

Vem, contudo, o dia em que nos tornamos conscientes dessa maravilhosa e aparentemente incrível realidade, e começamos a perceber numerosos pequenos sinais, sintomas, acontecimentos misteriosos, quando então os limites que pareciam circundar nossa esfera de consciência se fazem sempre mais transparentes, alargam-se, tornam-se capazes de "filtrar" e, finalmente, destacam-se do todo.

Percebemos que, embora conservando nossa autoconsciência, somos sensíveis à consciência das outras pessoas e podemos identificar-nos, e não só sentir, mas "viver" suas emoções, seus sofrimentos e seus problemas. Surge uma permuta, uma osmose contínua de energias, de estados de ânimo, de vibrações, entre nós e os outros: nossa vida se faz, assim, mais rica, mais plena, embora se faça também mais complexa.

É nesse ponto que pode ter início o verdadeiro serviço, que é uma autêntica e real co-participação de todo o próprio eu na vida dos outros, e que pode se tornar "científico".

A compaixão sentimental, as ações filantrópicas, os vários auxílios, que até então acreditávamos tão louváveis e bons, parecem-nos descoloridos e limitados atos de ilusório altruísmo em confronto com a quente, viva, autêntica identificação, com o conhecimento interior da unidade, com a real participação ontológica com os outros, que nascem da justa e sábia ação de ajuda, quando é necessária.

Eis por que eu disse que só depois da realização da consciência do Eu, da Alma, é que se pode falar de verdadeiro Serviço. De fato, só a consciência da Alma nos dá a capacidade de nos identificarmos com os outros e com o todo, e nos guia para o caminho reto da escolha para ajudar, nos faz compreender os reais problemas dos outros, e, sobretudo, nos dá a energia, a luz e a força próprias para resolvê-los de maneira justa.

Todavia, o homem procede por graus e por sucessivas e progressivas ampliações da consciência, e começa a sentir o impulso de servir mesmo antes da realização do verdadeiro Eu, talvez porque a consciência espiritual filtra-se na personalidade pouco a pouco e, mesmo que seja ao nível insciente (ou melhor, superconsciente), faz sentir seu influxo.

As tentativas de serviço, porém, realizadas antes da verdadeira compreensão espiritual, são sempre mescladas de tendências às limitações da natureza inferior e, com freqüência, se fazem em movimentos egoísticos, ambiciosos e personalistas.

Não devemos, contudo, desencorajar-nos por isso, porque não se chega à pureza de intenções a não ser através de lenta e gradual maturação. Até que o nosso "eu" pessoal seja superado e substituído pelo Eu espiritual, não poderemos nos livrar completamente do personalismo e das exigências do eu inferior, egoístico e separativo.

Virá, espontaneamente, a revelação do que quer dizer "servir" verdadeiramente, quando explodirem em nossa consciência comum a luz, o amor e a energia do Eu, explosão que tinha sido precedida por sintomas, sinais e vagas sensações misteriosas, semelhantes à palpitação de uma nova vida, e que se fazem sentir antes de virem à luz, sem que nós as tivéssemos sabido interpretar.

Por exemplo, pode começar a manifestar-se um aumento da sensibilidade telepática, um aumento da capacidade de "empatia" (identificação), um repetir-se mais freqüente de rápidos vislumbres de intuição, um senso mais profundo de serenidade e desapego, um aflorar fugidio de estados de consciência diferentes dos habituais.

E o que vêm a ser esses "sintomas", na realidade?

Não serão, talvez, os indícios reveladores, os mensageiros silenciosos que querem preanunciar o acontecimento prodigioso e envolvente (no verdadeiro sentido da palavra) do despertar do verdadeiro Eu, que é a nossa real e mais íntima essência?

É preciso adquirir o hábito de estar atento a esses sinais, e não deixar que eles passem inobservados, a fim de que estejamos prontos quando houver esse "despertar".

A Lei do Serviço, portanto, como todas as outras leis é, definitivamente, baseada sobre a verdade fundamental e universal da vida e é a expressão ativa desta unidade, pois é *Amor operante,* é efeito espontâneo da superação da separatividade, que leva a descobrir que, na realidade, "não há senão um único ser... não há senão uma só consciência, uma só substância, uma só força, um só corpo...", como diz Sri Aurobindo.

Portanto, a Lei do Serviço está ligada a todas as outras leis que examinamos até agora, e, com elas, regula a complexa, mas unitária manifestação da Vida Divina, que permeia todo o cosmo, e que se expressa em todos os níveis, sob infinitos aspectos, unindo tudo em harmônica unidade.

O homem, que acorda para a sua verdadeira natureza espiritual, sente que faz parte dessa totalidade, sente a Vida Divina fluir nele, e então compreende que para atuar no grande propósito do Uno, deve tornar-se um canal consciente dessa Vida, dessa energia, não vivendo a sua existência para si mesmo, mas em relação com todos os demais seres.

Talvez o Serviço assim compreendido pareça coisa muito alta e difícil de realizar, mas o saber que ele é um "instinto" natural da Alma, nos deve dar a certeza que mais cedo ou mais tarde seremos capazes de expressá-lo espontaneamente e sem esforço, porque é uma faculdade latente no fundo de nós mesmos, é uma capacidade inata que, com o tempo, encontrará o modo de realizar-se e expressar-se.

Enquanto aguardamos, procuremos ampliar nossa consciência, sair da prisão do nosso "eu" separado, aprender a "dar, não o óleo da lâmpada, mas a flama que a coroa".

XV

O DESTINO DO HOMEM

> *Poderia ser que o homem fosse, ele próprio, o laboratório vivo e pensante onde a natureza quer... elaborar o super-homem, o deus...* Sri Aurobindo.

De tudo quanto foi dito até agora mostra-se claro, acima de tudo, um fato fundamental e essencial: o homem é, misteriosa e admiravelmente, a unidade de medida da criação: ele é o microcosmo que reflete em si o macrocosmo, sendo, por isso, o campo de experiência e conhecimento que temos primordialmente ao nosso alcance para indagar o mistério da Vida e alcançar a compreensão da Verdade.

Diz Jung: "... o cosmo e o homem, em última análise, obedecem a leis comuns: o homem é um cosmo em miniatura e não está separado do grande cosmo por nenhum limite preciso. As mesmas leis regulam ambos, e de um sai um caminho que leva ao outro. A psique e o cosmo estão em relação uma com o outro como o mundo interior o está com o mundo exterior".

Por isso é que o primeiro ponto em que devemos concentrar a atenção no início da nossa procura, é o mistério da verdadeira essência do homem, tendo presente, nem que seja apenas por hipótese, que há nele uma centelha divina, a imagem de Deus, um Eu profundo que transcende a natureza material e dá o impulso para progredir e evoluir, a procurar a verdade para além das aparências fenomênicas.

Talvez muitos ainda duvidem de que essa centelha divina exista realmente no homem, e têm, de certa forma, razão de duvidar, enquanto *não a sentem*, enquanto ainda não "tiveram a experiência"; na realidade, como diz o Zen: "o verdadeiro Eu não é uma idéia, é uma experiência".

É necessário muito tempo antes que o homem, purificado pelo sofrimento, revigorado pela dura luta contra a sua natureza inferior, avivado pelos estímulos das provas e das experiências da vida, comece a reconhecer em si a presença de um Eu mais alto, e tome consciência de sua verdadeira natureza espiritual, compreendendo que ele tem em si mesmo, o caminho e os meios para conhecer a verdade.

Através do tempo, todas as religiões do mundo têm afirmado que Deus está no íntimo do homem, e desde a Antigüidade os filósofos e os pesquisadores da verdade têm advertido: "Homem, conhece-te a ti mesmo".

Cada um de nós, todavia, quer ter a experiência, para crer.

Eis por que, para saciar nossa sede de conhecimento e ter a experiência direta da verdade quanto a tudo que as religiões e a filosofia têm afirmado, devemos, antes de mais nada, aprofundar o conhecimento de nós mesmos, voltar nossa atenção para o mundo interior, compreender nossa verdadeira natureza e chegar ao centro do nosso eu.

Somente assim poderemos compreender realmente o que é o homem, qual é seu verdadeiro destino, qual é o significado da vida individual e cósmica.

Os primeiros quesitos para os quais nos devemos voltar são, pois, os seguintes: Quem, em realidade, é o homem? Por que ele tem a possibilidade de conter a imagem de Deus? Por que ele é o reflexo do macrocosmo?

Se examinarmos o homem de um ponto de vista puramente biológico e material, ele é um animal. Entretanto, é capaz de expressar a consciência e a energia divina.

Isto nos leva a pensar que todo o longo e fatigante caminho ascensional da vida, através de miríades de formas, da ameba ao homem, teve apenas o escopo de chegar à criação de uma forma mais completa, dotada, mesmo do ponto de vista físico (como cérebro, sistema nervoso etc.), de um organismo que alcança um máximo de aperfeiçoamento, apropriado, portanto, para albergar e manifestar alguma coisa de mais alto, de diferente: uma energia divina.

Lecomte du Nouy escreve, a esse propósito: "A forma animal capaz de albergar o espírito, capaz de permitir-lhe o desenvolvimento, foi encontrada. No reino humano, de fato, a evolução continua, não mais no plano biológico, mas no plano moral e espiritual: o plano da consciência" (*op. cit.*).

O homem tem, pois, uma tarefa precisa que contém seu luminoso destino: ser um "laboratório vivo e pensante", o crisol para criar um ser novo, uma criatura de um novo reino, o reino espiritual.

Na realidade, o homem, tal como é agora, não está ainda completo. Poderíamos dizer que o verdadeiro *Homem* ainda não nasceu, pois só quando tiver transformado completamente sua natureza animal e realizado a síntese dos dois pólos, Espírito e matéria, que nele se encontram, poderá chamar-se Homem.

Eis por que, como diz Sri Aurobindo, *o homem é um ser de transição,* em seu estado atual, e faz, realmente, a ponte entre o Terceiro Reino, o reino animal, e o Quinto Reino, o Espiritual.

Esse é o seu maior obstáculo e, ao mesmo tempo, sua maravilhosa possibilidade de evolução: participar, contemporaneamente, de dois reinos da natureza, e reviver, em si próprio, o drama evolutivo.

O homem está em luta contínua consigo mesmo e a sua

natureza dual o coloca constantemente ante a um dilema: seguir sua natureza animal ou obedecer ao seu Eu espiritual, que o incita a superar seus instintos, a sublimá-los, a fim de que se manifeste sua natureza divina.

Ele pode, se consegue colocar-se em sintonia com as profundas exigências da sua parte espiritual, tirar desse conflito um novo entendimento, e compreender que não se trata de suprimir ou destruir aquilo que o liga ao mundo da matéria e dos instintos naturais, mas de fazer brotar, do próprio atrito dos dois pólos e do foco da sublimação, novas possibilidades e novas energias até então desconhecidas.

Nada deve ser morto, mas transformado, "remido", isto é, submetido a um processo alquímico de sublimação, que faz surgir da própria substância, dos próprios elementos submetidos a tal processo, o *ouro puro* do Espírito neles latente.

Do conhecimento de nós mesmos emerge essa verdade, que a alguém pode parecer fantasia ou elucubração idealística, mas que, ao invés disso, tem sido provada experimentalmente pelas mais atuais correntes da psicologia do inconsciente e, sobretudo, por aquela defendida por Jung e seus seguidores.

Diz Jung ser necessário que se compreenda o verdadeiro significado da "contradição abissal da natureza humana", porque, "sem a experiência dos contrários, não existe experiência da totalidade": realmente, o Eu (Selbst) é uma união dos contrários.

Esse problema da dualidade é, de fato, um problema universal, como já mencionamos em um dos capítulos anteriores, e no homem se repete, e assim se *condensa* e acaba por se resolver.

O verdadeiro Homem é, pois, uma "síntese dos contrários", que pode emergir apenas quando a exigência inferior for transformada e sublimada, terminando por estar completamente absorvida na natureza espiritual.

A solução da eterna luta do Homem, entre o Espírito e a

matéria, entre o bem e o mal, está na síntese, isto é, no superamento da dualidade em um ponto mais alto, no núcleo autêntico e central do indivíduo, o Eu.

Esse é o verdadeiro destino do homem, e desse destino durante muito tempo ele é insciente, imerso que está na dualidade, oscilando continuamente entre dois pólos, cônscio apenas do conflito, dilacerado por exigências opostas, incapaz de encontrar uma solução, pois sua verdadeira consciência ainda está adormecida.

Toda a vida do homem, todas as experiências que ele tem, todos os acontecimentos agradáveis ou dolorosos que enfrenta, têm a finalidade de despertar paulatinamente essa consciência e assim torná-lo consciente *daquilo que ele realmente é,* e de fazer aflorar todas as potencialidades latentes nele, a fim de que elas possam ser expressas.

O despertar da consciência leva o homem a compreender o quanto está ligado a toda a humanidade, ao cosmo inteiro, e como todas as Grandes Leis Universais para ele convergem e nele se realizam.

Descobre assim, experimentando dentro de si próprio, que realmente não existe senão uma Única Vida, uma Única Substância, uma Única Consciência que permeia toda a manifestação, e que o verdadeiro e único escopo da existência, com suas lutas, seus sofrimentos, sua ilusória felicidade, é o de compreender essa Unidade e *vivê-la* consciente e construtivamente, a fim de contribuir para o despertar de toda a humanidade.

Portanto, o homem tem diante de si uma tarefa maravilhosa a realizar, e o dia em que se dê conta de tal coisa será o alvorecer de uma Nova Era, pois todas as suas angústias e dificuldades assumirão um significado diferente, e não mais lhe parecerão dura condenação ou injusta herança ligada à sua natureza terrena, mas apenas a manifestação exterior do conflito que se debate dentro dele, do drama cósmico do qual ele é o autor e o símbolo.

É necessário, pois, aprofundar o conhecimento de si próprio, pois o segredo da vida está dentro de nós e na consciência que dorme em nosso íntimo.

É preciso, então, despertar essa consciência e reconhecer, finalmente, o significado da vida, não continuar a vaguear em dúvidas, em buscas erradas, em elucubrações intelectuais, mas procurar, antes, transformar *o conhecimento em consciência.* Assim poderemos compreender as palavras poéticas do *Mundaka Upanixade:*

"Um destino maior vos espera...

A vida que levais esconde a luz que sois".

Leia também

OS SETE TEMPERAMENTOS HUMANOS

Angela Maria La Sala Batà

O leitor de língua portuguesa recebeu muito bem os dois primeiros títulos de Angela Maria La Sala Batà, *Guia Para o Conhecimento de Si Mesmo* e *Maturidade Psicológica,* que a Editora Pensamento editou com o mesmo cuidado e atenção com que, agora, lhe entrega *Os Sete Temperamentos Humanos.* Formada no ambiente da Escola Arcana de Alice A. Bailey e na atmosfera de pesquisa psicológica criada por Roberto Assagioli (de quem o leitor poderá ler *Psicossíntese,* há pouco lançado pela Editora Cultrix), além dos vários trabalhos de Psicologia Espiritual, Angela Maria La Sala tem contribuído com ensinamentos esotéricos aplicados à terapia dos desajustamentos psíquicos. No *Guia Para o Conhecimento de Si Mesmo,* foram traçadas diretrizes pelas quais o estudioso de Psicologia Esotérica poderá atingir o verdadeiro Eu, ou a Alma. No volume denominado *Maturidade Psicológica,* a Autora mostrava-se preocupada com trabalhar as várias funções anímicas, cujo descompasso é responsável pela geração daqueles tipos muito freqüentes entre nós: "adultos" a um só tempo autoritários e infantis.

No volume que o leitor ora folheia, a Autora como que retoma pontos essenciais dos dois primeiros, tendo em vista ampliá-los, a fim de deixar livres, digamos assim, os canais de comunicação do *Self* ou centro da psique com o Eu. Para isso, com argúcia, a Autora, partindo de Jung e da cosmovisão indiana, retraça o modo de ser de cada um de nós segundo o nosso *temperamento,* de modo tal que os extremos passam a se tocar ou a se bipolarizar. Exemplificando: a sensibilidade ao Eu, atributo do 1.° temperamento (ou *raio,* segundo a tradição indiana), une-se com o 7.° temperamento, que comanda a vontade dirigida ou a força que organiza o mundo da forma. É nessa conformação dos temperamentos que reside o ponto forte do volume. Em assim sendo, estamos certos de que o leitor ficará satisfeito com perceber como, a partir da possibilidade de poder harmonizar o mundo interno com o externo, será possível retrabalhar as próprias forças anímicas, as quais, muitas vezes, parecem-lhe escapar como a água por entre os dedos.

EDITORA PENSAMENTO

Editora Pensamento

Rua Dr. Mário Vicente, 374
04270 São Paulo, SP

Livraria Pensamento

Rua Dr. Rodrigo Silva, 87
01501 São Paulo, SP

Gráfica Pensamento

Rua Domingos Paiva, 60
03043 São Paulo, SP